第16卷，第2辑，2017年　Vol.16, No.2, 2017

Accounting Forum
会计论坛

中南财经政法大学会计研究所　编

Accounting Institute
Zhongnan University of Economics and Law

中国财经出版传媒集团
中国财政经济出版社

图书在版编目（CIP）数据

会计论坛. 2017 年. 第 2 辑 / 中南财经政法大学会计研究所编. — 北京：中国财政经济出版社，2018.6
ISBN 978 - 7 - 5095 - 8262 - 6

Ⅰ. ①会… Ⅱ. ①中… Ⅲ. ①会计学 - 文集 Ⅳ. ①F230 - 53

中国版本图书馆 CIP 数据核字（2018）第 108370 号

责任编辑：孙　琛　　　　　责任校对：杨瑞琦
版式设计：赤　羽　　　　　封面设计：赤　羽

中国财政经济出版社 出版

URL：http：//ckfz.cfeph.cn
E - mail：cfeph@ cfeph.cn

（版权所有　翻印必究）

社址：北京市海淀区阜成路甲 28 号　邮政编码：100142
营销中心电话：88190406
天猫网店：中国财政经济出版社旗舰店
网址：https：//zgczjjcbs.tmall.com
北京财经印刷厂印刷
787×1092 毫米　16 开　10.25 印张　200 000 字
2018 年 6 月第 1 版　2018 年 6 月北京第 1 次印刷
定价：52.00 元
ISBN 978 - 7 - 5095 - 8262 - 6
（图书出现印装问题，本社负责调换）
本社质量投诉电话：010 - 88190744
打击盗版举报热线：010 - 88190414　　QQ：447268889

会 计 论 坛
Accounting Forum

第 16 卷，第 2 辑，2017 年
Vol. 16, No. , 2017

（总第 32 辑）

中南财经政法大学会计研究所 编
Accounting Institute
Zhongnan University of Economics and Law

编　　辑：	《会计论坛》编辑部
电　　话：	(027) 88386078
传　　真：	(027) 88386515
电子邮箱：	kjlt@znufe.edu.cn
通讯地址：	中国·武汉市·东湖高新技术开发区南湖大道 182 号 中南财经政法大学会计学院 文泉楼南 607 室
邮政编码：	430073

本辑责任编辑： 冉明东

顾　问（按姓氏拼音字母顺序排序）
陈毓圭　冯淑萍　郭复初
金莲淑　刘光忠　刘玉廷
王松年　吴联生　杨　敏
于玉林　于增彪

编委会
主　任：郭道扬
副主任：张龙平　张志宏　王雄元
委　员：郭道扬　罗　飞　张龙平
　　　　唐国平　张敦力　王雄元
　　　　张志宏　王　华　郭　飞
　　　　陈　波　何威风　詹　雷

编辑部
主　任：冉明东
编　辑：康　均　李燕媛　吕敏康

目 录

基于科学知识图谱的国内外无形资产研究态势与热点扫描
　　——基于 2005~2016 年 WOS、CSSCI 文献计量分析　　3
　　　汤湘希　游宇

姓氏文化影响会计稳健性吗?
　　——来自中国资本市场的经验证据　　23
　　　张蕊　王洋洋

责任分散合理化、负性情绪与舞弊行为倾向　　42
　　　陈艳　陈邑早　于洪鉴

产权性质、大股东持股比例与债务异质性　　66
　　　张志宏　仇莹

治理环境与高薪养廉
　　——来自中国上市公司的经验证据　　82
　　　雷宇　金梦　郭剑花

政府补助、寻租活动与高管薪酬　　101
　　　江新峰　汪晓飞

地方官员更替与上市公司社会责任履行
　　——来自中国上市公司的经验证据　　122
　　　成志策　廖佳　张横峰

跨境审计监管、经济安全与会计师事务所国际化战略　　146
　　　郝莉莉　马可哪呐

CONTENTS

A Review of Research Trend and Hotspot of Intangible Assets at Home and Abroad:
   by Mapping Knowledge Analysis of WOS and CSSCI (2005~2016)   3
   Xiangxi Tang, Yu You

Does Surname Culture Impact Accounting Conservatism: Evidence from China's
   Securities Market   23
   Rui Zhang, Yangyang Wang

Rationalization of Diffusion of Responsibility, Negative Emotions and Fraudulent
   Tendency   42
   Yan Chen, Yizao Chen, Hongjian Yu

Corporate Ownership, the Proportion of Share Holding of Large Shareholder and
   Debt Heterogeneity in China   66
   Zhihong Zhang, Ying Qiu

Governance Environment and High Payment to Restrain Corruption: Empirical
   Evidence from Listed Companies in China   82
   Yu Lei, Meng Jin, Jianhua Guo

Government Subsidies、Rent – seeking and Executive Compensation   101
   Xinfeng Jiang, Xiaofei Wang

Municipal Officials' Turnover and the Social Responsibility Performance of
   Listed Firms: Empirical Evidence from Chinese Listed Firms   122
   Zhice Cheng, Jia Liao, Hengfeng Zhang

Cross – border Audit Supervision, Economic Security and Audit Firm
   Internationalization Strategy   146
   Lili Hao, Kenana Ma

基于科学知识图谱的国内外
无形资产研究态势与热点扫描*
——基于 2005~2016 年 WOS、CSSCI 文献计量分析

汤湘希　游　宇

【摘　要】本文以 2005~2016 年 WOS、CSSCI 刊载的经济与管理科学领域关于无形资产研究的 846 篇文献为样本,利用文献计量软件 Citespace,以文献计量和可视化分析的方式,对国内外无形资产研究领域的研究态势与热点前沿进行扫描和透视,从中探讨无形资产研究演进历程与发展趋势。通过梳理该领域研究的发展脉络与当前研究热点,以期为我国无形资产研究领域的进一步发展提供参考。分析结果发现国内无形资产研究呈现出研究规模和研究影响力小等问题,基于此,本文提出进一步提升研究质量,丰富研究视角和方法,加强研究成果国际输出从而提升国际影响力等建议。

【关键词】无形资产；研究前沿；知识基础；知识图谱

收稿日期：2017 - 9 - 26
基金项目：教育部人文社科重点研究基地重大项目（13JJD630012）；中南财经政法大学研究生教育创新计划项目（2016Y1133）
作者简介：汤湘希,男,博士,中南财经政法大学会计学院教授,博士生导师,教育部人文社科重大研究基地——中南财经政法大学知识产权研究中心研究员,txxp01@126.com；游宇,男,中南财经政法大学会计学院会计学专业博士研究生。
* 作者感谢审稿专家对本文的宝贵意见,但文责自负。

一、引言

　　无形资产的产生与发展是社会经济文化发展的必然结果,随着市场化程度加深、经济规模不断扩大、科教文化水平显著提升,无形资产涉及的范畴也日益广泛。据上市公司年报披露数据测算,2005年我国A股上市公司无形资产账面净额总量约为0.11万亿元,截至2016年底这一数据达到2.3万亿元,年均增长率超30%。伴随着无形资产规模急剧扩张,所涌现出的问题与挑战受到全世界有识之士的广泛关注,使得本就历久弥新的无形资产话题,积累了丰富的研究成果。借鉴国内外无形资产研究经验成果,对我国无形资产的研究成果进行系统性总结和分析,有着鉴往知来的重要意义。"十三五"时期,在"创新、协调、绿色、开放、共享"五大理念的指导下,习近平总书记更是提出了"科技是国家强盛之基,创新是民族进步之魂"的科学论断①。无形资产不仅是推动经济发展的重要驱动力,更是提升国家竞争力的重要核心要素。

　　本文以Web of Science和CSSCI经济管理类期刊2005~2016年无形资产相关文献为研究样本②,结合科学知识图谱方法对其进行计量及可视化研究。该方法被用来描述人类拥有的知识资源及其载体随时间发展而产生的演进态势。绘制知识图谱,对于挖掘、分析显示科学技术知识及它们之间的相互联系有重要作用。科学知识图谱的思路是基于不同的数据库,对研究领域的已有知识数据进行整合分析,是一种结合可视化功能的文献计量方法。将研究领域内具有代表性的理论成果进行整合与数据处理,利用该方法绘制目标领域的知识图谱,不仅能够较好反映出学科基本情况,还能探测学科知识基础,扫描研究热点。因此,笔者选择WOS数据库及CSSCI数据库中有关无形资产文献为研究对象③,初步绘制了我国无形资产研究领域的知识图谱,以期对我国无形资产发展提供有价值的知识和信息。

---

　　① 习近平总书记2014年6月9日"在中国科学院第十七次院士大会、中国工程院第十二次院士大会上的讲话"。

　　② Web of Science（WOS）是以Science Citation Index Expanded®,Social Sciences Citation Index®,Arts & Humanities Citation Index®为核心的引文数据库。南京大学中国社会科学研究评价中心研制开发的中文社会科学引文索引（CSSCI）是我国人文社会科学文献引文统计、信息查询与评价的重要工具。

　　③ CSSCI数据库无形资产主题的检索起始年份为1998年,但直至2005年以前部分期刊数据缺乏参考文献数据,故而选择取样年份为2005年至2016年。并且由于CSSCI期刊目录每年有一定变化,本文以期刊入选CSSCI目录的有效年份进行取样,若某年被取消后则不计入样本统计。由于Web of Science核心合集版本原因,数据提供年份为2004年至今,本文配合CSSCI数据分析,故样本选择年份亦为2005年至2016年。

二、数据来源及方法

数据收集分别来自 Web of Science 数据库（WOS）和中文社会科学引文索引（CSSCI）。在 WOS 核心数据库中，以"Intangible Assets"为主题词，研究方向为"Business Economic"，年份设置为 2005~2016 年进行检索，获得 582 个文献类型为 Article 的数据样本。在 CSSCI 数据库中，以"无形资产"为检索关键词，学科类别选择"管理学"与"经济学"，检索时间设置同为 2005~2016 年，去除重复文献，最终得到 264 个数据样本。

本文梳理了国内外无形资产研究领域的年发文数量、空间地理分布和研究机构贡献等概况，并从共被引文献、关键词共现聚类以及突现词等角度对研究话题及其内在关系进行深度剖析。作者力图从研究领域现状入手，厘清基础理论架构，判断无形资产研究领域的前沿热点，并基于无形资产领域现有的研究成果，结合社会经济发展情况，展望未来我国无形资产研究趋势。文中主要基于引文和关键词两个方面，分别对我国无形资产基础理论中的重要节点文献和关键词聚类涉及的领域进行以量化分析为基础的可视化研究，探究了我国无形资产领域的研究基础、研究热点及演化过程的关键路径等问题。

三、无形资产研究的发展概况

（一）时间分布

学术论文数量的时序变化，可以作为某领域发展的一项衡量标准（曹树全等，2015）。通过对文献分布做全面统计，有助于评价该领域所处的阶段、预测发展趋势和动态。2005~2016 年 WOS、CSSCI 有关无形资产研究论文数量的年份分布如图 1 所示。

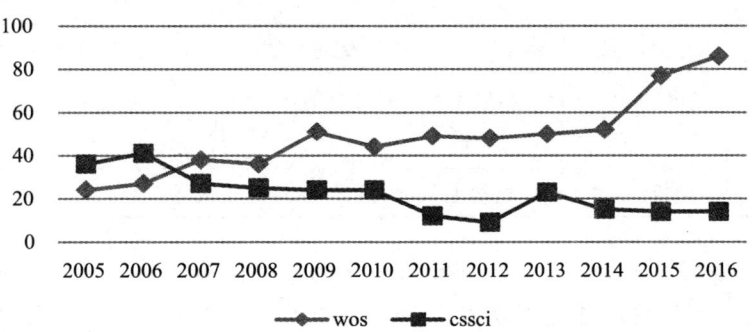

图 1 2005~2016 年 WOS、CSSCI 无形资产研究发文量年度分布图

如图1所示，根据本文样本的设定，无形资产研究在十余年的时间里，WOS数据库中年发文量呈逐年增长态势，且从2014年开始其发文量骤增。而CSSCI数据库中无形资产研究年发文量则呈下降趋势，国内外形成鲜明对比，其中的原因值得我们进一步探索。

（二）空间分布

本部分从空间地理分布上，对2005~2016年WOS和CSSCI无形资产研究状况进行描述，进而对发文机构的所在地区进行了统计与空间可视化呈现。在统计研究机构时以第一作者所在单位为准，得到其研究机构所在地区发文情况。

自2005~2016年以来，全球无形资产的研究机构发文主要集中在北美、欧洲、东亚以及澳洲，就世界范围来看，无形资产研究的热点区域，也多集中在经济发展水平较高的国家或地区。对照世界经济论坛（World Economic Forum）2016年9月28日发布的《2016~2017年全球竞争力报告》（The Global Competitiveness Report 2016~2017）来看，全球竞争力排名前30位的国家或地区与全球无形资产研究的热点区域几近重合。其中，美国以发文量155篇居于首位，其后分别是西班牙67篇，英格兰58篇，中国45篇（其中台湾地区发文量为25篇），澳大利亚45篇，意大利41篇。为进一步了解国际无形资产研究状况，本文对以上6个国家所在地区发文量排名前三的研究机构进行列示（如表1所示）。

表1 国际无形资产研究密集地区及机构排名表

地　　区	各地区发文量排名前三位机构
美　国（155）	密歇根大学（6）、哈佛大学（5）、加州大学伯克利分校（5）、伊利诺大学（5）、德克萨斯大学奥斯汀分校（5）
西班牙（67）	卡斯蒂利亚拉曼查大学（6）、巴塞罗那大学（5）、巴伦西亚大学（5）、
英格兰（58）	布鲁内尔大学（5）、英国国际商学院（5）、伦敦商学院（5）、曼彻斯特大学（5）
中　国（45）	（台湾）成功大学（4）、（台湾）交通大学（3）、（台湾）元智大学（2）
澳大利亚（45）	墨尔本大学（9）、悉尼大学（8）、莫纳什大学（5）、阿德莱德大学（5）、悉尼科技大学（5）
意大利（41）	帕维亚大学（6）、博科尼大学（4）、米兰理工大学（4）

表1将全球无形资产研究发文量排名前6的主要国家或地区的研究机构进行了统计，可以发现，无形资产研究以高校为主，其中不乏世界知名院校。澳大利亚的墨尔本大学与悉尼大学的发文量分别为9篇和8篇，均高于其他研究机构。另外，中国（包括台湾地区）的总发文量虽然高达45篇，其中25篇来自台湾地区，且发文量居于

前三位的均来自台湾地区。这说明在全球背景下,我国无形资产研究成果对外输出不足,国际参与度较低,中国内地虽有 20 篇文献,但存在研究数量少和成果分散等问题。

自 2005~2016 年以来,我国(不含台湾地区和香港、澳门特别行政区)CSSCI 关于无形资产发文量较高的地区有:北京、江苏、浙江、湖北以及湖南,其中北京以发文量 52 篇位居全国首位,其后分别是湖北 29 篇,江苏 23 篇,浙江 17 篇,湖南 16 篇和天津 15 篇。此外,从空间分布来看,发文量高的地区主要集中在我国中东部,而西南、西北地区发文量相对较少。为进一步了解我国无形资产研究的空间分布概况,地区发文量排名前三的研究机构空间分布如表 2 所示。

表 2 我国无形资产研究密集地区及机构排名表

地区	各地区发文量排名前三位机构
北 京 (52)	中国政法大学 (7)、中央财经大学 (4)、首都经济贸易大学 (3)
湖 北 (29)	中南财经政法大学 (22)、武汉大学 (4)、华中师范大学 (2)
江 苏 (23)	南京审计大学 (6)、南京大学 (4)、河海大学 (3)
浙 江 (17)	浙江财经大学 (8)、浙江工业大学 (2)、浙江师范大学 (2)
湖 南 (16)	湖南科技大学 (8)、湖南大学 (2)、湖南师范大学 (1)
天 津 (15)	天津财经大学 (8)、南开大学 (2)、天津体育学院 (2)

从表 2 可知,我国无形资产研究密集地区皆以高等院校为主。虽然北京地区无形资产研究的发文量前三位的机构都是高校,但单位成果刊载率低。此外,中南财经政法大学在样本区间的 CSSCI 无形资产研究领域总发文量为 22 篇,暂居国内相关研究机构首位。

从时间和空间分布来看,在国际无形资产研究中,虽然我国的研究成果数量居世界前列,但大多来自台湾和香港地区,反观中国内地学者的研究成果国际输出较少。此外基于 WOS 与 CSSCI 年发文量来看,国际无形资产研究呈现持续增长态势,国内则较为低迷。这种情形在一定程度上说明国内部分期刊偏好发生转变,造成我国无形资产研究面临些许困境。研究话题紧贴热点领域、研究方法适当创新都可作为阶段性"突围"的方法。除了语言和制度背景影响之外,我国无形资产研究成果应进一步扩大国际影响力,以具有中国特色的无形资产研究成果和经验对国际无形资产研究提供经验借鉴。

四、国内外无形资产研究的知识基础

文献共被引分析(Co‑citation Analysis)是指两篇文献同时在另一篇文献中被引

用,说明在同一研究主题下,共被引文献具有较高的参考价值,研究领域也趋于一致,学科背景亦有相通之处。共被引频次越高,说明文献间关系越紧密,共被引频次高的作者在该领域的研究中处于重要地位。本文在结合共被引网络图谱分析时,引入网络中心性概念,中心性是反映节点在网络中是否起到战略作用的关键节点,体现了节点在整个网络中的"媒介"能力大小,故而本文中将高中心性节点代表的文献称之为关键节点文献。而在同一研究领域中的关键节点文献则可视为该领域的知识基础。可见利用共被引文献分析,可以挖掘对学科领域具有重大影响的学术研究成果。

(一)国际无形资产研究的知识基础

将 WOS 数据库中 2005~2016 年无形资产研究样本数据导入 Citespace,网络节点功能选择 Cited Reference,并以 2 年为单位设置时间切片,节点方式选择 g – index①。得到 N = 147,E = 276,Density = 0.0352 的国际无形资产文献共被引图谱。如图 2 所示,每个节点代表一篇共被引文献,节点最外层深色圆环代表文献中心性,中心性越大的节点表示其在网络结构中纽带作用越显著。节点大小根据共被引频次而定,共被引次数越多,节点越大,节点间连线代表共被引关系,连线颜色对应上方的年代色标②,表示样本间首次共被引年份。

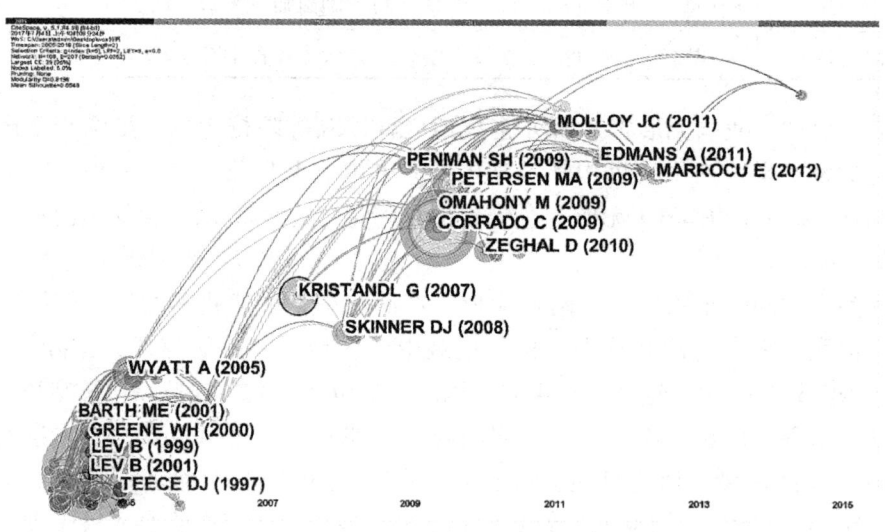

图 2 WOS 无形资产文献共被引 Timezone 图

---

① g – index 是 Leo Egghe 于 2006 年提出的概念,将论文按照被引次数降序排序,被引次数按序号叠加,当累计被引次数等于序号的平方时的序号值。根据每年引文次数或出现频率做出相应选择,突出了高影响文献。

② 可视化界面最上方代表年份的色标是由冷色向暖色渐变方式呈现的,年份从左至右依次递进。

从图 2 可知，在国际上，无形资产研究文献共被引网络中的关键节点文献主要分为 3 个阶段，分别为 2007 年以前、2007～2010 年、2010～2013 年，说明国际上对无形资产的研究在每一个时间切片内均有共被引程度较高的关键节点文献。从连线密集程度上看，国际上无形资产研究成果间联系紧密，不仅对前人研究成果有着继承与发展，而且对后续的研究也有着重要的借鉴参考价值。从连线颜色的深浅来看，2007 年的研究成果依旧对现阶段的研究话题有着指导作用。总而言之，国际上对无形资产的研究具有研究成果丰硕，经典文献迭出，同一领域内学术认可度高等特点。为了更清晰地分析国际无形资产文献共被引图谱中的关键信息，将图中关键节点以中心性从大到小归集整理出排名前十的文献，如表 3 所示。

表 3　　　　　　　　　　WOS 无形资产关键节点文献归集表

作者	中心性	频次	年份	作者	中心性	频次	年份
C. Corrado	0.10	21	2009	D. Zéghal	0.05	6	2010
G. Kristandl	0.10	10	2007	M. E. Barth	0.03	4	2001
M. A. Petersen	0.09	10	2009	B. Lev	0.03	7	1999
D. J. Skinner	0.08	7	2007	B. Lev	0.02	26	2001
J. C. Molloy	0.05	4	2011	A. Wyatt	0.02	9	2005

结合图 2 与表 3 发现，2007 年之前的关键节点文献，主要研究方向为无形资产披露，研究主要集中于如何完整、科学、真实地将企业无形资产及其价值进行披露。巴鲁·列弗（1999）基于美国股票市场的经验数据，从财务信息对投资者有用性角度进行研究发现，随着 R&D 强度不断增加企业财务信息有用性将不断降低，并提出两种提升无形资产信息有用性的途径。一是扩大资本化处理的范围（例如将软件开发成本资本化），二是对财务报告进行重新表述。而在其专著《Intangibles：Management Measurement and Reporting，Bookings Institution Press》（2001）中通过对经济、组织、财务和会计等方面关于无形资产属性及其对企业绩效和市场价值的影响研究，着重分析了无形资产对公司价值和公司发展的贡献。Barth ME（2001）认为信息不对称程度会因公司无形资产增多而变得越来越严重，而分析师有动机利用自身专业知识对无形资产的公允价值进行确认，而且财务分析师能弥补财务报告所留下的 R&D 信息缺口，并更加关注研发型企业。此外，Wyatt A（2005）研究发现将 R&D 做资本化会计处理的企业比进行费用化处理的企业投入更低，当 R&D 同时资本化和费用化时，费用化部分与企业未来业绩负相关。

根据 2007～2010 年无形资产关键节点文献分析发现，关于无形资产相关会计改革、无形资产理论再定义，无形资产经济后果的评价与测度研究成为该时段的热点，且研究成果受到学术界广泛认同与借鉴。无形资产定义界定问题在学术界尚未完全统一，随着社会经济发展与各学科研究的深入，学者们对于无形资产的内涵与外延一直进行着新的研究尝试和探讨。Kristandl G（2007）基于已有研究成果，以资源基础理论视角对企业无形资产定义进行讨论，并提出关于无形资产定义的共同特征。Molloy JC（2011）提出应用多学科评估过程（MAP）完善无形资产理论，弥补无形资产概念与无形资产测度之间的理论断层，从而更加可靠地评估无形资产。Skinner DJ（2007）对于是否应该对有关无形资产的现行会计准则进行改革持反对意见，并认为制定最优的强制披露准则是一件非常困难的事情。Petersen MA（2009）认为在融资和资产定价时，基于面板数据的分析可能存在 OLS 估计和标准误上的偏差，并以此对解决该问题的文献进行研究分析，使得评价方法更加科学准确。Zéghal D（2010）分析了智力资本对企业经济、金融和股票市场的作用与影响，研究表明企业智力资本对经济与财务绩效均产生积极影响，但与股市绩效只在高新技术产业存在显著关联。Corrado C（2009）发现美国国内生产总值数据（截至 2003 年）中大量无形资产投资被排除在外，基于此研究发现无形资产投资增加是生产率提升的重要因素。

（二）我国无形资产研究的知识基础

图 3 以 CSSCI 数据库中 2005～2016 年无形资产研究文献为样本数据，Citespace 分析功能选择设置参照上文。最终得到 N = 65，E = 139，Density = 0.0668 的 CSSCI 无形资产文献共被引图谱。

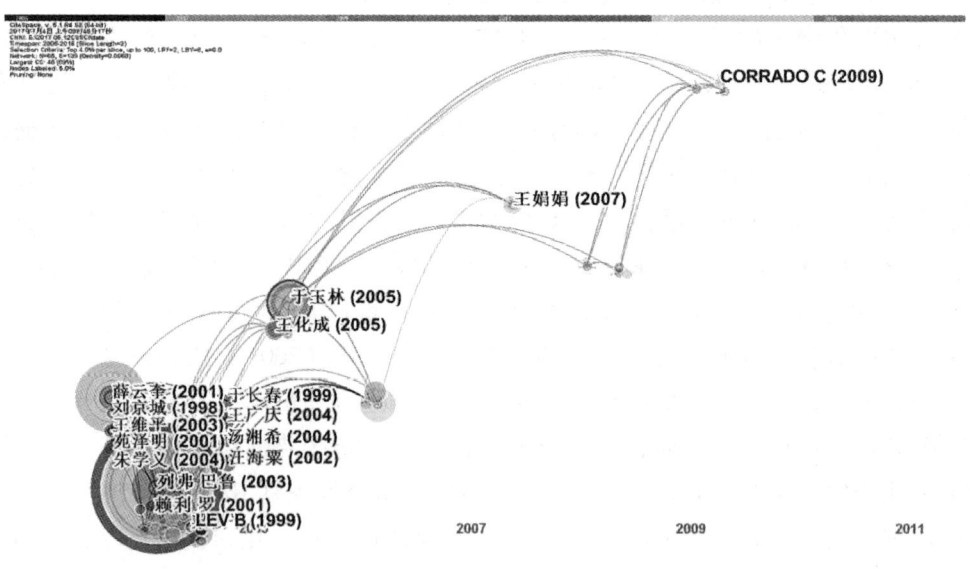

图 3 CSSCI 无形资产文献共被引 Timezone 图

从图 3 可知，在我国无形资产文献共被引网络中的关键节点文献主要集中出现于

2005年以前以及2005~2009年两个时间切片内,其中2007年之后关键文献数量随着无形资产研究话题多样化,导致节点共被引难以集聚,且参考文献涉及多学科交叉研究,节点中心性较低。同时,CSSCI中刊载的关于无形资产研究文献数量减少也是原因之一。不可否认,相较于国外无形资产研究,我国无形资产研究自2007年之后获得广泛认同和借鉴的研究成果较少。利用共被引图谱对我国无形资产研究领域的关键文献进行挖掘,通过参考文献的权威性和及时性等特点可以发现,我国无形资产研究关键节点文献大多出自2005年以前,且被引作者皆属业内知名学者,这些研究成果对我国无形资产研究有着支撑与指导的作用。为进一步分析我国无形资产文献共被引图谱中的关键信息,将图中关键节点以中心性从大到小归集整理出排名前十的文献,如表4所示。

表4　　　　　　　　CSSCI无形资产关键节点文献归集表

作　者	中心性	共被引频次	出版年份	作　者	中心性	共被引频次	出版年份
巴鲁·列弗	0.67	22	2001	王广庆	0.07	3	2004
于玉林	0.17	8	2005	于长春	0.06	3	1999
汪海粟	0.08	3	2002	汤湘希	0.06	2	2004
王维平	0.08	3	2003	苑泽明	0.05	3	2001
薛云奎	0.07	14	2001	C. Corrado	0.04	2	2009

如前文所述,以2年为一个时间切片,分别对每个时间切片内共被引量排名前4%的样本进行分析。由表4所示信息可分为2005年以前和2005~2009年两个时段分别讨论。

2005年以前,在我国无形资产研究领域中,学者们对于其概念、内涵及外延等研究已趋于成熟,各学科均对其基本理论问题进行了较为系统的研究。于长春(1999)通过分析无形资产价值运动和会计核算问题,对无形资产商誉会计、价值评估、价值管理等话题进行了系统性研究。薛云奎(2001)通过对我国上市公司关于无形资产信息披露问题的研究提出上市公司披露的无形资产与股价之间存在显著的正相关关系,同时指出上市公司在披露无形资产信息方面存在核算范围不清晰、信息披露不规范等问题。汪海粟(2002)以我国社会经济发展状况为背景结合国外无形资产评估经验,对无形资产评估过程和定量方法进行了梳理。此外,还从基本理论比较、实务经验联系以及会计变革三个方面阐述了无形资产评估与会计的关系。王维平(2003)以企业无形资产管理为视角,对无形资产的概念、分类、功能以及内容做了系统性的研究与阐述,探寻了无形资产管理路径、原理及方法。王广庆(2004)在对我国无形资产概念界定和会计核算问题分析的基础上,对无形资产内容、核算方法、摊销账务处理以及会计信息披露等方面提出了改进建议。汤湘希（2004）通过对企业发展与无形资产运营之间的关系分析，发现无形资产是企业核心竞争力的关键因素。

2005～2009年这一阶段，我国无形资产研究关键节点文献偏少，研究成果的借鉴与继承不足，主要研究方向为无形资产披露问题，在研究话题相近的情况下，时间上稍滞后于国际无形资产研究。于玉林（2005）对无形资产理论进行了系统性阐述，包括无形资产基础理论与应用理论，最后分别从无形资产的要素（知识产权为核心）、社会职能（观念、市场、研究和教育等）以及管理职能（会计、审计、评估及战略等）三个方面对无形资产发展趋势进行了科学预测。王化成（2005）从价值相关性角度验证了无形资产与企业经营业绩之间存在显著正相关关系，而且无形资产信息具有价值相关性。王娟娟（2007）结合我国A股上市公司2001～2005年数据发现，企业主营业务利润、公司规模和净利润与无形资产成正相关关系。

从知识基础来看，在国际无形资产研究中的重要研究成果同样被我国学者认可，其经典文献被国内外学者广泛引用，且引用频次和中心性较高。国际无形资产研究在不同时期均有研究成果被学界引用，而我国无形资产自2007年之后的高共被引文献较少。一方面说明我国无形资产研究话题分散，除了早期关于无形资产基础理论和业界权威学者的研究成果被共同引用参考以外，其他研究成果未形成该领域的经典文献。此外，随着无形资产影响范围扩大，无形资产研究成果在应用方面也发挥着协同合作的作用。其中主要是以人文社科类为主，无形资产基于会计学在经济、金融、财政学当中的应用不用多言，而在自然科学方面，无形资产在大数据资本化、环境治理以及生物技术研发等方面的表现亦大有可观，而另一方面CSSCI中关于无形资产相关文献发文量逐年减少，使得可供借鉴的研究成果多样性降低，也是造成了近年来经典文献缺乏的原因。鉴于此，我国无形资产研究领域亟待进一步提升学术影响力与认可度。

五、国内外无形资产研究内容比较

文献的关键词能体现研究目标、研究内容甚至研究方法等诸多信息，关键词的分布、频次及关键词相互间组合的情况能反映该研究领域的研究主题和发展情况。在文献计量的基础上，通过关键词共现网络分析对无形资产研究的主题及其关联性展开分析，将国内外无形资产研究主题进行比较和讨论，并对与无形资产交叉的学科领域、理论基础和创新展开分析。配合突现词（Burst Term）功能的使用，有助于分析研究热点和理论演变历程。

（一）关键词共现聚类分析

将WOS、CSSCI无形资产研究2005～2016年样本数据以1年为时间切片，节点类型选择"Keywords"，进行关键词共现网络聚类分析，并依据节点关键词使用TF*IDF

加权算法提取聚类标签,分别得到国内外无形资产关键词共现网络聚类图。为保证完聚类结果信息含量丰富、完整,故而采用 Timeline(时间线)方式呈现,同时还可以展现各个聚类发展演变的时间跨度和研究进程(Chen,2017)。图中每一个节点出现的位置,代表其在该聚类中出现的时间,节点间连线颜色代表话题首次共现的时间。聚类结果提供模块值(Q值)和平均轮廓值(S值)两个指标作为评判图谱绘制效果的依据。一般而言,Q值一般在[0,1]区间内,Q>0.3 就意味着划分出来的社团结构是显著的,当S值在0.7时,聚类是高效率令人信服的,若在0.5以上,聚类一般认为是合理的。如图4、图5所示。

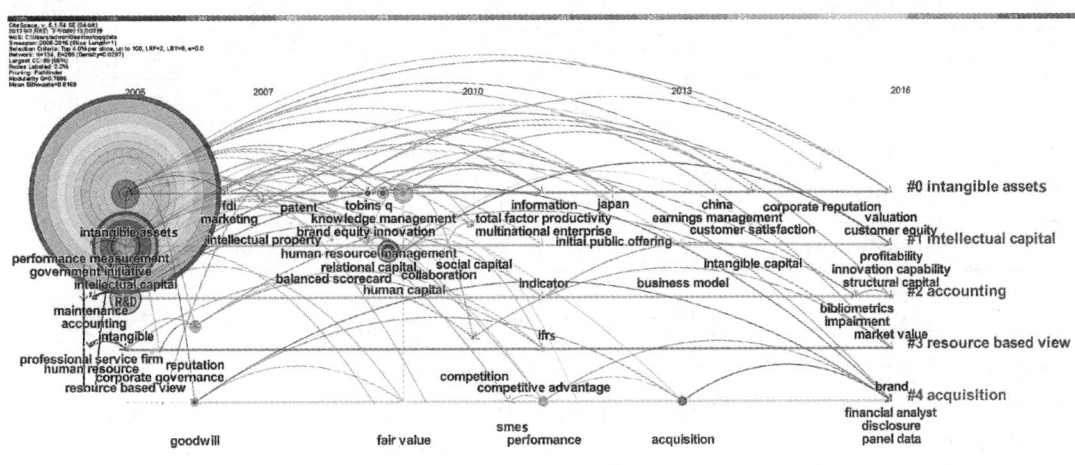

图 4　WOS 无形资产关键词聚类 Timeline 图

由图 4 反映出国际无形资产 2005~2016 年的研究主题聚类结果及其理论研究演进路径,主题聚类分别为:"Intangible Assets"(无形资产)[①]、"Intellectual Capital"(智力资本)、"Accounting"(会计)、"Resource Based View"(资源基础观)和"Acquisition"(收购)。由图 4 可知,国际无形资产研究具有以下几个特点:

1. 研究热点分布均匀。根据节点间连线颜色深浅判读,每个主题聚类都有前沿话题涉及。
2. 研究内容丰富且关联性强。依据图中节点数量多寡及节点间连线数量判断。
3. 核心研究话题集中。主要围绕无形资产与智力资本展开研究。

为进一步探寻国内外无形资产研究发展态势,本文在以往单一的词频分析法基础之上引入了网络中心性概念作为判读参考,旨在对相关话题研究追踪的过程中做到纲举目张。表 5、表 6 分别列示 2005~2016 年 WOS、CSSCI 无形资产研究关键词共现网

---

① "无形资产"是由于样本采集时,以无形资产作为检索主题,故而出现频次最高,节点大小最突出。

络频次排名的前 20 位。以此结合关键词聚类 Timeline 图进行深入分析。

表 5　　WOS 无形资产关键词共现频次表

序号	关键词	频次	中心性	序号	关键词	频次	中心性
1	intangible assets	140	0.47	11	goodwill	9	0.02
2	intellectual capital	51	0.27	12	R&D	7	0.1
3	intangibles	26	0.15	13	Tobin's Q	7	0.04
4	innovation	19	0.07	14	resource based view	6	0.08
5	human capital	16	0.14	15	capital structure	5	0.01
6	knowledge management	12	0.02	16	competitive advantage	5	0.03
7	reputation	11	0.08	17	corporate governance	5	0.01
8	performance	10	0.02	18	intellectual property	5	0
9	acquisition	9	0.03	19	ownership	5	0.04
10	brand equity	9	0.1	20	balanced scorecard	4	0.02

在"无形资产"和"智力资本"两大聚类主题中，涵盖了表 5 中多数关键词，如"Innovation"（创新）、"Human Capital"（人力资本）、"Brand Equity"（品牌资产）、"Intellectual Property"（知识产权）、"Tobin's Q"等高频关键词。以上节点在聚类中出现频次与中心性方面表现突出，如知识产权是无形资产的核心内容。同时围绕"知识产权"主题的二次延展研究也覆盖多个话题，说明这两个聚类主题，是国际无形资产研究的核心话题。根据 Erickson GS（2009）研究测度了企业拥有的知识资产水平，辨别了哪些企业更受益于知识管理系统和知识保护系统，以此提出企业通过制定知识战略能够有效提升竞争优势。

聚类主题为"会计""资源基础观"及"收购"，虽然涵盖的节点并不密集，但大多为研究话题且属于会计学研究范畴。例如表 5 中的"Performance"（绩效）、"R&D"、"Goodwill"（商誉）、"Competitive advantage"（竞争优势）以及"Corporate governance"（公司治理）。Pike S（2010）以资源基础理论探究研发机构的研发过程，分析了无形资产对研发的价值创造路径，进一步还提出当资源不足或是过度使用时，表明研发机构绩效降低。Dahmash FN（2009）通过研究澳大利亚 1994～2003 年在公认会计原则下报告的商誉和可辨认无形资产的价值相关性和可靠性发现，商誉和可辨认无形资产仅具有价值相关性，而且商誉往往被保守估计，可辨认无形资产则反之。

由图 5 可知，我国无形资产研究领域 2005～2016 年的研究主题分别为以下 6 类：无形资产、利润转移、知识产权、碳无形资产、品牌价值以及文化产业。通过研读图 5 可以发现我国无形资产研究具有以下特点：

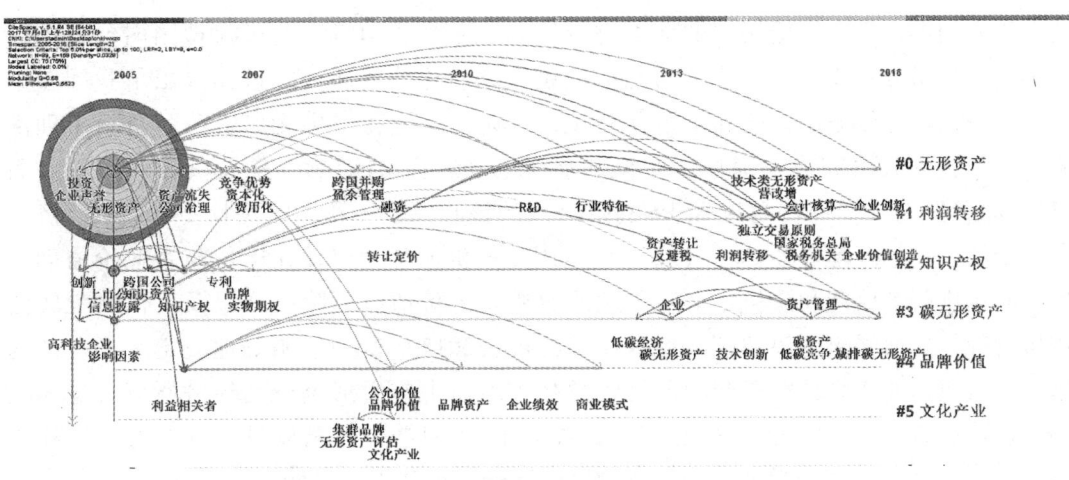

图 5　CSSCI 无形资产关键词聚类 Timeline 图

1. 研究热点集中，聚焦无形资产分支话题。近年来，利润转移与碳无形资产是我国无形资产研究的热点话题。

2. 研究话题密集程度不足，且关联度不高。一方面是因为 CSSCI 刊载的文献数量有限，另一方面由于研究话题分散导致各话题间关联性不强。

3. 核心研究话题单一。除无形资产以外，无明显的主题关键词。

表 6　　　　　　　　　CSSCI 无形资产关键词共现频次表

序号	关键词	频次	中心性	序号	关键词	频次	中心性
1	无形资产	185	0.91	11	知识资本	8	0.03
2	知识产权	30	0.09	12	企业声誉	8	0
3	上市公司	16	0.13	13	高新技术企业	7	0.12
4	转让定价	15	0.09	14	人力资本	8	0
5	信息披露	13	0	15	资本化	7	0
6	影响因素	13	0.17	16	指标体系	7	0
7	无形资产评估	10	0.11	17	费用化	6	0.03
8	碳无形资产	9	0.02	18	公允价值	6	0.02
9	利益相关者	8	0.1	19	低碳竞争力	6	0.02
10	竞争优势	8	0	20	文化产业	5	0.06

结合表 6，对我国无形资产研究主题聚类下热点话题进行分析可知，关键词共现频次排名前列的研究话题大多集中在前 4 个主题聚类当中。其中"利润转移"和"碳无形资产"在近年来研究话题关联度高，但其关键词共现频率并不高，说明相关研究还

处在研究初期,具有广泛研究的前景与价值。苑泽明(2013)通过梳理国内外碳排放权的确认计量方法文献,并将其与土地使用权同质化分析研究,进而提出了我国碳排放权的确认与计量方法。此外,还有学者对"碳资产"和"碳无形资产"进行了理论界定,结合现有研究成果综述了"减排碳无形资产"的影响因素及其作用效果。而"转让定价"相关研究目的与BEPS行动计划的核心原则一致,即税收要与实质经济活动和价值创造相匹配。杨林林(2016)运用企业价值理论对转让定价与企业价值创造税收问题进行了梳理和分析,并从关联交易管理、价值链风险关联以及价值贡献转让定价管理等方面提出解决建议。此外,韩传模(2015)认为应明确地规定无形资产的最终收益权,并主张无形资产的最终收益权在本质上与无形资产的经济所有权是相通的。这标志着在转让定价领域中关于无形资产的"症结"已被洞见,故而对"转让定价"的研究话题可能会随着相关规章制度的逐渐完善落实而降低研究热度。

(二)突现词分析

探测文献关键词及其动态变化情况,有助于分析无形资产研究历程中具有代表性的话题以及热点前沿。对于厘清研究历程的发展路径,扫描研究话题的集中点或发展趋势均有着重要意义。值得一提的是,突现时段仅代表研究集中"爆发"的阶段,故而热点话题研究到底是"草创未就",还是"昙花一现",又或是"枯木逢春"就需要结合社会经济发展背景加以分析和预测了。本文取突现强度前十的关键词并以突现起始年份升序排序,就国内外2005~2016年无形资产研究中突现词进行对比分析,如表7、表8所示。

表7　　WOS无形资产研究前十突现词起止时间表

关键词	突现强度	起始时间	结束时间	2005~2016年
goodwill	1.8898	2006	2010	
intangible assets	8.4939	2006	2008	
brand equity	2.4328	2008	2009	
Tobin's Q	2.7697	2009	2012	
resource based view	2.5142	2010	2011	
social capital	1.8895	2010	2012	
capital structure	2.4518	2012	2014	
acquisition	2.4983	2013	2016	
intellectual capital	3.3417	2013	2016	
human capital	1.6579	2014	2016	

国际无形资产研究热点演化按突现强度排名前十位突现词(见表7)。根据表7可将国际无形资产研究演进话题分为3类,分别为企业并购、企业价值和智力资本。

在企业并购方面，对商誉的研究主要活跃在2006年至2010年，这一阶段伴随着兼并收购而产生的商誉问题成为实务与学术界讨论的热点。主要表现在商誉的价值相关性与可靠性方面，此外有关商誉的会计准则问题也是学者广泛讨论的议题之一。Oliveira L（2010）基于葡萄牙证券市场1998~2008年数据对葡萄牙2005年正式采用IAS和IFRS之后的价值相关性进行分析，发现采用国际会计准则和国际财务报告准则后，企业可辨认无形资产的价值相关性没有影响，但商誉的价值相关性显著提高。

企业价值评估方面包含的关键词有"无形资产""品牌资产"和"Tobin's Q"，其在2008~2012年研究集中度较高。在国际无形资产研究当中，企业价值评估往往采用Tobin's Q作为企业价值衡量指标被广泛采用。而在智力资本研究方面，人力资本从突现词起止时间上来看属近年国际无形资产研究的前沿话题。Madhani PM（2016）研究了无形资产的关键组成部分——人力资本，结构性资本和关系资本以及无形资产增长的驱动因素，进一步研究发现无形资产作为竞争优势对企业的作用。

综上所述，汇整出2005~2016年国际无形资产热点话题分别为：广义无形资产与企业绩效研究、并购商誉与税收相关研究、无形资产与企业核心竞争力关系研究、无形资产价值计量问题研究。为概述已有研究成果，将国际无形资产热点话题的主要研究内容列示如下：

1. 社会资本、品牌资本、智力资本与人力资本在国际无形资产研究中，主要与企业价值相关性联系紧密，揭示了无形资产与企业价值创造、价值创造机理以及企业股价之间的关系。

2. 并购商誉相关的公司业绩提升、并购风险、计量与披露问题等一系列涉及经济后果研究为这一时期的研究主流。随着跨国企业税基侵蚀和利润转移问题暴露，无形资产涉税研究引发关注。

3. 以资源基础观为主的企业核心竞争力研究是该阶段的主流方向，同时就创新观、知识观、文化观及组织与系统观也做了充分的讨论与分析。

4. 无形资产计量问题是无形资产研究中贯穿始终的核心话题，以上所有研究主题无一不与无形资产计量有着密切联系。可以预见，无形资产计量方法、计量模式和计量准则等都将是未来长期探讨的研究话题。

表8　　　　CSSCI无形资产研究前十突现词起止时间表

关键词	突现强度	起始时间	结束时间	2005~2016年
企业文化	1.8386	2005	2007	
费用化	1.9684	2007	2010	
竞争优势	2.3245	2007	2008	

续表

关键词	突现强度	起始时间	结束时间	2005~2016年
上市公司	1.8623	2008	2010	
公允价值	1.6889	2009	2010	
品牌价值	1.6671	2009	2010	
知识产权	1.8881	2010	2013	
R&D	2.16	2011	2014	
碳无形资产	3.1042	2013	2016	
利润转移	2.0248	2014	2016	

由表8可知，我国2005~2016年无形资产研究突现词与国际无形资产研究相比差别较大。"知识产权""利润转移"和"碳无形资产"是无形资产研究领域现阶段的热点话题。"利润转移"虽不是无形资产研究领域的共现高频关键词，但经突现词检测发现自2014年至今，对该话题的研究依旧活跃，主要是因为企业利用各地区税率差异和规则错配造成税基侵蚀与利润转移（BEPS），从而实现避税目的。2014年9月16日，经济合作与发展组织（OECD）发布了应对BEPS项目初步成果，其中包括《无形资产转让定价指引》（第8项行动计划），主要是为解决无形资产收益归属的确认问题。江玉国、范莉莉（2016）通过回顾碳无形资产经典文献，综述了减排碳无形资产的影响因素并对其作用力大小进行分析，结果表明低碳技术、管理水平、市场因素以及能源结构等因素对企业减排碳无形资产的积累有着重要影响。说明"碳无形资产"相关话题尚处于理论架构阶段，对其影响路径、经济后果等主题存在进一步研究的空间。

从国内外无形资产研究热点及趋势来看，国际无形资产研究热点话题主要集中在公司绩效、智力资本和会计处理三个方面。而我国无形资产研究热点聚焦则更加细化。从研究话题的演进来看，当经济市场化程度提高，其研究话题也愈加多样化，随着全球化程度加深，在研究热点话题上国内外表现出"求同存异"的特点。转移定价与碳无形资产这两大热点前沿话题，体现了我国无形资产研究与当前国际问题、现实问题紧密接轨，抓住了现阶段社会经济发展的重点与难点。根据年度发文量和关键词聚类结果发现，我国无形资产研究热度和话题还受市场经济后果及重大准则政策颁布影响，其主要反映在资本市场中涉及无形资产的确认、计量、披露等问题的研究上。无形资产以其"无形"的特点，使之价值变动频率与幅度的范围跨度较大，导致计量不确定性增加。基于这一特性出发，早期在研究无形资产问题时主要以计量和评估方法为主。然而随着无形资产外延的扩展，围绕"无形资产"相关话题的体系构建成为新的研究模式，其中包括理论体系与评价体系。

结合表8突现词分析我国2005~2016年无形资产研究重点可知，无形资产与企业价值相关性研究、无形资产公允价值计量、无形资产与企业核心竞争力关系研究、碳无形资产相关问题研究以及无形资产转让定价相关问题研究是该阶段的热点研究话题。其主要研究内容分别为：

1. 无形资产与企业价值相关性研究涵盖广泛，学者们从绩效、R&D 支出、企业文化、知识产权、品牌价值、智力资本等多方面进行了研究分析。例如 2006 年，我国会计准则与 IFRS 实现实质趋同，《企业会计准则第 6 号——无形资产》将 R&D 支出费用化改为有条件资本化，这一改变立即引发了学者们的关注。

2. 我国 2007 年 1 月 1 日起实施的会计准则体系中引入公允价值计量体系，但在实务界对于如何计量公允价值没有完全解决，故引起对公允价值计量在中国应用的局限性思考，并据研究结果提出优化意见。

3. 我国学者在无形资产与企业核心竞争力关系研究中对企业核心竞争力的内涵与概念、构成要素、特征、价值贡献及评价方法等一系列问题进行了探讨，取得了丰硕的研究成果。

4. 碳无形资产是近年来新晋的热点研究话题，研究主要集中于碳无形资产识别、碳减排收益、企业低碳竞争力以及构建相关评价体系等。

5. 无形资产转让定价问题来源于税基侵蚀与利润转移，其解决的主要途径是完善现行无形资产规则。2017 年 6 月我国已签署由经济合作与发展组织（OECD）制定的《实施税收协定相关措施以防止税基侵蚀和利润转移（BEPS）的多边公约》，可以说在一定程度上，无形资产转让定价问题暂时得到解决。

六、结论

通过对 WOS、CSSCI 数据库中 2005～2016 年无形资产研究的时间空间分布、知识基础、研究热点及研究趋势三个方面分析可见：关于无形资产话题的研究虽然受到国内外学者们的广泛关注，所取得的研究成果完善了无形资产会计与评估准则，但由于无形资产本身所具备的特性加之经济发展与科技进步带来的变化与挑战，使得无形资产研究有如下内容值得我们进一步深思与探讨。

1. 纵观无形资产研究发展概况，造成国内外无形资产研究热度差异的原因是多方面的，同时结合相关话题研究趋势来看，提升我国无形资产研究认可度与影响力成为目前亟待解决的问题。

2. 从国内外无形资产研究知识基础分析，我国无形资产研究在 21 世纪初涌现了一批无形资产研究学者，其理论成果得到学界广泛认可。但是至此之后，我国无形资产研究在一定程度上缺乏新的理论标杆。

3. 相较于国外，我国无形资产研究内容涵盖范围更广，特别是近年来研究突现词产生较大差异。此外,崔也光教授、苑泽明教授、汪海粟教授、汤湘希教授等分别提出上市公司研发指数、无形资产指数、无形资产质量指数以及知识产权指数的研究,对无形资产研究关键问题进行系统性测算与评价。

4. 文化产业无形资产发展将迎热潮。2005~2016年我国文化产业增加值从0.43万亿元增长到超3万亿元规模,同期GDP占比从2.3%上升为4.07%①,说明我国文化产业在经济增长中的地位和作用日益上升。2016年7月1日实施的《文化企业无形资产评估指导意见》有助于客观反映文化企业无形资产价值,但文化企业并购审计、相关会计准则与评估准则范围界定、文化企业无形资产价值创造相关问题都值得进一步讨论与研究。

5. 大数据或成为无形资产,助力"互联网+"。数据的经济价值开始被重视和深挖,而现行的会计准则还不能把信息资源按照资产来进行管理,难以适应"互联网+"时代下数据交易的发展需求。会计学中如何界定大数据,是无形资产还是商誉?大数据又该如何确认、计量?应当表内披露或是表外披露?与此同时,"互联网+"带来的变革倒逼企业管理思维转型升级,其中财务转型又该如何适应?

总而言之,现阶段我国无形资产研究的主要矛盾是快速提升的社会经济水平与无形资产内涵与外延界定之间的矛盾。应当聚焦社会经济活动中不断涌现的有关无形资产的新问题,并将其研究成果体现在会计准则中,为科学、客观、准确计量无形资产建言献策,以指导当前和未来可能存在的无形资产会计问题。

主要参考文献

曹树金,吴育冰,韦景竹,等. 2015. 知识图谱研究的脉络、流派与趋势——基于SSCI与CSSCI期刊论文的计量与可视化. 中国图书馆学报,41(5):16—34。

崔也光,赵迎. 2013. 我国高新技术行业上市公司无形资产现状研究. 会计研究,3:59—64。

樊勇,侯京玉. 2017. 无形资产跨境贸易的反避税问题研究. 税务研究,1:66—70。

韩传模,励贺林. 2015. 对BEPS最新发展趋势的研析——基于价值创造与无形资产收益权归属视角. 税务研究,1:106—112。

江玉国,范莉莉. 2015. 企业低碳竞争力的影响因素——基于碳无形资产视角的实证研究. 技术经济,34(5):78—85。

汤湘希. 2004. 基于企业核心竞争力理论的无形资产经营问题研究. 中国工业经济,1:87—92。

汪海粟. 2002. 无形资产评估. 北京:中国人民大学出版社。

---

① 数据来源:国家统计局社会科技和文化产业统计司. 2016. 中国文化及相关产业统计年鉴. 北京:中国统计出版社。

王广庆. 2004. 对我国无形资产准则的一些思考. 会计研究，5：40—41。

王化成，卢闯，李春玲. 2005. 企业无形资产与未来业绩相关性研究——基于中国资本市场的经验证据. 中国软科学，10：120—124。

王娟娟，梅良勇. 2007. 我国上市公司无形资产的现状分析——基于沪深A股上市公司的数据研究. 中南财经政法大学学报，2：101—105。

王维平. 2003. 企业无形资产管理. 北京：北京大学出版社。

习近平. 2014. 习近平谈治国理政. 北京：外文出版社。

向显湖，刘天. 2014. 论表外无形资产：基于财务与战略相融合的视角——兼析无形资源、无形资产与无形资本. 会计研究，4：3—9。

薛云奎，王志台. 2001. R&D的重要性及其信息披露方式的改进. 会计研究，3：20—26。

于玉林. 2005. 无形资产概论. 上海：复旦大学出版社。

于长春. 1999. 无形资产会计. 上海：立信会计出版社。

苑泽明，李元祯. 2013. 总量交易机制下碳排放权确认与计量研究. 会计研究，11：8—15。

中国国际税收研究会课题组，杨林林. 2016. 转让定价与企业价值创造税收问题研析. 国际税收，9：34—39。

Barth, M. E., R. Kasznik, & M. F. Mcnichols, 2001. Analyst Coverage and Intangible Assets. *Journal of Accounting Research*, 39（1）：1-34.

Castillapolo, F., &D. Gallardovázquez. 2016. The main topics of research on disclosures of intangible assets：a critical review. *Accounting Auditing &Accountability Journal*, 29（2）：323-356.

Chen, C. 2017. Science Mapping：A Systematic Review of the Literature. *Journal of Data and Information Science*, 2（2）：1-40.

Corrado, C., C. Hulten, &D. Sichel. 2009. Intangible capital and U. S. economic growth. *Review of Income &Wealth*, 55（3）：661-685.

Dahmash, F. N., R. B. Durand, & J. Watson. 2009. The value relevance and reliability of reported goodwill and identifiable intangible assets. *British Accounting Review*, 41（2），120-137.

Skinner, D. J. 2007. Accounting for intangibles - a critical review of policy recommendations. *Accounting & Business Research*, 38（3）：42-43.

Erickson, G. S., & H. N. Rothberg. 2009. Intellectual capital in business - to - business markets. *Industrial Marketing Management*, 38（2），159-165.

Kristandl, G., & N. Bontis. 2007. Constructing a definition for intangibles using the resource based view of the firm. *Management Decision*, 45（9）：1510-1524.

Lev B., & P. Zarowin. 1999. The Boundaries of Financial Reporting and How to Extend Them. *Journal of Accounting Research*, 37（2）：353-385.

Lev B. 2001. *Baruch lev, intangibles：management, measurement and reporting, bookings institution press*, 2001. *Social Science Electronic Publishing*, 22（7）：716-727.

Madhani, P. M. 2016. Management of intangible assets：a value enhancing strategy in knowledge *economy. Social Science Electronic Publishing.*

Molloy, J. C., C. Chadwick, R. E. Ployhart, & S. J. Golden. 2011. Making Intangibles "Tangible" in Tests of Resource – Based Theory: A Multidisciplinary Construct Validation Approach. *Journal of Management*, 37（37）: 1496 – 1518.

Oliveira, L., L. L. Rodrigues, & R. Craig. 2010. Intangible assets and value relevance: evidence from the portuguese stock exchange. *British Accounting Review*, 42（4）, 241 – 252.

Petersen, M. A. 2005. Estimating Standard Errors in Finance Panel Data Sets: Comparing Approaches. *Nber Working Papers*, 22（1）: 435 – 480.

Pike, S., G. Roos, & B. Marr. 2005. Strategic management of intangible assets and value drivers in r&d organizations. *R &D Management*, 35（2）, 111 – 124.

Wyatt, A. 2005. Accounting Recognition of Intangible Assets: Theory and Evidence on Economic Determinants. *Accounting Review*, 80（3）: 967 – 1003.

Zéghal D., & A. Maaloul. 2010. Analysing value added as an indicator of intellectual capital and its consequences on company performance. *Journal of Intellectual Capital*, 11（1）: 39 – 60.

A Review of Research Trend and Hotspot of Intangible Assets at Home and Abroad: By Mapping Knowledge Analysis of WOS and CSSCI（2005 ~ 2016）

Xiangxi Tang, Yu You

Abstract: Based on 846 literatures related to intangible assets in economics and management fields, published in 2005 ~ 2016 years WOS and CSSCI, this paper makes a scanning and perspective of research situation and hot frontier in the intangible assets fields to investigate the evolution course and development trend by using Citespace software and documents and visual analysis measurement. By carding the development of the research route and hotspots, this paper tries to provide references for further research related to Chinese intangible assets. We find that the research of intangible assets in China has comparably smaller scale and lower influence. Consequently, we suggest that the research of intangible assets in China should improve the research quality, enrich research perspectives and methods, strengthen the international output and enhance the international influence.

Keywords: Intangible assets; Research frontiers; Knowledge foundation; Mapping knowledge domain.

姓氏文化影响会计稳健性吗？*
——来自中国资本市场的经验证据

张 蕊 王洋洋

【摘 要】选取2007～2015年中国沪深两市A股上市公司为样本，以上市公司高管与签字注册会计师的"同姓"关系为视角，探究"同姓"关系背后蕴藏的姓氏文化对会计稳健性的影响。研究发现：当高管与签字注册会计师具有相同姓氏时，上市公司的会计稳健性较低。进一步研究表明：姓氏文化显著抑制了会计稳健性降低债务成本的作用；然而，会计师事务所的声誉能够缓解"同姓"关系对会计稳健性的负面影响，且在法制环境较好的地区，"同姓"关系对会计稳健性的负面影响较弱。这些结果加深了对签字注册会计师行为动机及其后果的理解，对提醒与高管存在裙带关系的签字注册会计师保证独立性、监管机构加强针对性的监管以及完善各种内外部治理机制都具有重要的政策启示意义。

【关键词】姓氏文化；公司高管；签字注册会计师；会计稳健性

收稿日期：2017-8-18
基金项目：国家自然科学基金项目（71562014）
作者简介：张蕊，女，博士，江西财经大学会计发展研究中心主任，博士生导师；王洋洋，男，江西财经大学会计学院博士研究生，wangyy0801@163.com。

* 作者感谢审稿专家对本文的宝贵意见，但文责自负。

一、引言

若要理解中国的种种社会和经济问题，仅仅依靠正式制度是远远不够的，还需要关注在历史长河中沉淀且具深远影响的文化等非正式制度（Allen 等，2005）。姓氏承于先祖，传于后世，其间蕴含着血脉渊源之意义，延续千年而不绝。由姓氏这一古老制度形成的姓氏文化，是中华浩瀚文明的缩影，它以血缘关系为基础，记录了每个姓氏族群源流、世系分布、播迁沿革等宗族事宜，已然成为一个群体共同的文化心理积淀和行为规范，深深地印在各自的宗族史上，折射出中华民族传统文化的丰富内涵，并连接着人与人、代与代之间的生存关系，五千年华夏文明即是不同血缘姓氏的宗族繁衍生息、播迁交融、兴衰更替的总汇。

长久以来，文化因素一直以"嵌入"的方式影响着中国社会经济生活，通过影响规范、形成态度、塑成价值取向等影响人们的行为决策，被认为是人们行为的基本前因。Hofstede（1980）开创性地对社会文化加以刻画，认为文化是区别不同民族成员的集体心理模式，引领了关于跨国文化比较的研究，后续还涌现出众多关于宗教、儒家、关系等文化对会计及公司治理影响的文献。然而，鲜有关于姓氏文化与资本市场的研究文献，姓氏文化与外部审计的研究更是少见。《说文·女部》云："姓，人所生也"，"因生以为姓"。姓氏是一个人的标签，也是一个家族的符号，对于每一个人、每一个家族，都不可或缺。姓氏背后蕴含的是同宗、同族对共同血脉渊源的归属与认同，这使得姓氏在同姓宗亲间有着巨大的凝聚力与感召力。上市公司高管和签字注册会计师作为中国社会的成员，他们必具姓氏，均受姓氏文化的影响。那么，作为审计业务活动的主要参与者，当被审计单位高管与签字注册会计师存在"同姓"关系时，这一关系背后蕴藏的姓氏文化将如何影响签字注册会计师的执业行为与决策，并最终影响会计信息质量？具体地，将如何影响会计信息质量的重要特征之会计稳健性？会计稳健性，又称谨慎性，Basu（1997）认为稳健性指对好消息（利得）的确认比对坏消息（损失）的确认有更加严格的证据。稳健性作为会计确认和计量的一个重要原则，是会计信息质量特征的重要内容之一（Watts，2003）。孙光国和赵健宇（2014）认为稳健会计信息的生成很大程度上依赖于外部审计的监督，因此，外部审计对会计稳健性的影响是一项重要研究课题。已有研究主要从审计师任期（朱松等，2010）、审计师变更（张建勇，2014）、经济依赖度（周玮等，2012）、事务所转制（陈小林等，2016）等方面研究对被审计单位会计稳健性的影响。但是，鲜有研究涉及姓氏文化可能对上市公司会计稳健性产生的影响。

鉴于此，本文拟利用2007~2015年我国A股上市公司的数据，从被审计单位高管与签字注册会计师是否"同姓"视角，研究姓氏文化对会计稳健性的影响。研究结果表明：在姓氏文化的影响下，"同姓"签字注册会计师审计的客户公司的会计稳健性较低。进一步研究发现，因高管与签字注册会计师"同姓"关系的存在，会计稳健性难以发挥降低债务成本的作用；会计师事务所的声誉机制对姓氏文化与会计稳健性的关系有显著抑制作用；在法制环境较好的地区，姓氏文化对会计稳健性的负面影响不显著。本文的贡献主要有：第一，将姓氏文化与会计稳健性联系起来，从资本市场的审计问题角度管窥姓氏文化对经济社会发展的影响，拓展姓氏文化的研究范畴，丰富相关的研究文献。第二，近年来，国内外学者就文化如何影响会计行为进行了多方面的实证研究，取得了较为丰硕的研究成果。然而，几乎未见涉足极具中国特色的姓氏文化与会计及审计问题的研究。本文在姓氏文化视阈下对会计稳健性问题进行探讨，为会计稳健性等会计及审计问题的研究提供来自姓氏文化层面的经验证据。第三，已有文献从签字注册会计师与上市公司高管的"前同事"关系、"校友"关系等社会关系角度研究非正式制度对审计结果的影响。本文关注二者之间的"同姓"关系，拓展了签字注册会计师社会关系的研究范畴。

二、文献回顾

Watts（2003）认为产生会计稳健性需求的因素包括契约、股东诉讼、税收和会计监管等四个方面，并将债务契约和股东诉讼视为产生会计稳健性的最主要原因。已有研究主要从债务契约、公司治理、外部审计的角度探究会计稳健性的影响因素。Ball等（2008）发现债务市场规模是不同国家会计稳健性存在差异的重要原因，而权益市场规模的影响相对较小。刘运国等（2010）采用Basu模型对债务约束和会计稳健性的关系进行探讨，研究发现债权人对上市公司的债务约束在企业债务比例比较高时更加明显，此时上市公司使用的会计政策更趋稳健。相关学者还从股东、董事会和管理层角度考察公司治理对会计稳健性的影响。具体地，股东对会计稳健性影响的研究集中于股权集中度（陈宋生和赖娇，2013）、机构投资者持股（李争光等，2015），董事会对会计稳健性影响的研究则主要考察董事会特征（Bushman等，2004）和非执行董事（陆正飞和胡诗阳，2015）的影响，管理层影响会计稳健性的研究则重点关注管理层背景特征（翁宵暐和许静静，2015）、高管薪酬（Iyengar和Zampelli，2010）等方面。

在外部审计领域，已有研究主要从审计师任期、审计师变更、事务所转制、客户集中度等角度来探究审计师与客户公司会计稳健性之间的关系。Jenkins和Velury（2008）考察了审计任期与会计稳健性之间的关系，发现与短任期相比，审计师中等任期下的客户公司会计稳健性更高，长任期则与中等任期下的会计稳健性无显著差异。但是在中国资本市场，却与此相反。朱松等（2010）发现审计任期的延长会导致上市公司的财务报告行为不够稳健。进一步地，周玮等（2012）也发现上市公司会计报告盈余稳健性受审计任期的影响,且这种影响受到审计师对客户公司经济依赖度的调节。关于审计师变更,张建勇(2014)认为变更审计师会影响后任审计师的独立性,客户公司可能会借机过度运用会计稳健性或操纵盈余,进而导致公司的会计稳健性降低。陈小林等(2016)还对会计师事务所转制如何影响上市公司的会计稳健性进行了研究,结果表明事务所转制为特殊普通合伙能够提高客户公司的会计稳健性,但会计稳健性的提高程度因签字注册会计师个人特征不同而不同。此外,罗进辉等(2016)考察了审计师与客户公司的地理近邻性与会计稳健性的关系,研究发现审计师与客户公司的地理距离越近,客户公司的会计稳健性越低,也即地理近邻性降低了客户公司的会计稳健性。

综上所述,关于会计稳健性之影响因素的研究已经颇为丰富,但鲜有从文化角度对会计稳健性进行探究的文献,在外部审计方面,更少有文献考察审计师与客户公司高管的关系对会计稳健性的影响。文化作为一种非正式制度,常常与正式制度一起发挥着推动社会前进的作用。近年来,已有大量文献研究了文化对企业会计行为及其后果的影响,但主要集中在宗教文化(Riahi–Belkaoui,2004;陈冬华等,2013)和关系文化(Hwang 和 Kim,2009;陆瑶和胡江燕,2014)层面。针对审计师与客户公司高管的关系,已有学者进行了较多探究。Lennox(2005)认为高管与会计师事务所存在关联的上市公司更易获得标准审计意见。蔡春等(2015)则发现存在高管事务所关联的上市公司倾向于选择真实盈余管理,且异常审计费用较低。吴溪等(2015)专门研究了独立董事的"事务所关联",发现独立董事与签字注册会计师出自"同门"时,签字注册会计师的独立性显著降低。Guan 等(2016)从"校友"关系视角拓展了对上市公司高管与签字注册会计师之关系的研究,研究发现与高管存在"校友"关系的签字注册会计师出具非标准审计意见的可能性较低,且被审计单位的盈余管理程度较高。上市公司高管与签字注册会计师之间的关系已经引起学者的关注,但遗憾的是,少见关于上市公司高管与签字注册会计师的"同姓"关系如何影响会计稳健性的研究。

三、理论分析和假设提出

人类社会的某些文化特质具有恒存齐一性,在已积累起来的观念基础上形成的文化自身内部规律有其万世一系的本质规定性(李成贵,1994)。姓氏文化即为其一,它具有人人皆知的普及性、世代传承的持续性和兼容并包的统一性,作为一种非正式制度,对人的行为与决策具有重要影响。上市公司高管和签字注册会计师作为中国社会的成员,他们的行为与决策难免受到中华姓氏文化的影响。签字注册会计师是判定会计稳健性的关键群体,因而会计稳健性的高低最终取决于审计质量,即专业胜任能力和审计独立性(罗进辉等,2016)。中国现行法律制度还不够健全,监管体系较弱,不完善的制度环境对经济主体行为的规范作用非常有限。在此背景下，判断签字注册会计师对会计稳健性的影响时，尤其要关注审计独立性。当被审计单位高管与签字注册会计师具有相同姓氏时，这背后蕴藏的姓氏文化和存在的"同姓"关系可能会影响签字注册会计师执行审计工作时的独立性。

中国是个极重血缘亲情、伦理纲常的社会，中国人自古提倡的伦理道德、祖先崇拜和宗族制度等意识都在姓氏文化中得以充分体现。故而，姓氏之于中国人具有非凡的情感与制度意义。自古以来，人们对姓氏的重视即内化于心、外化于行，表现为社会活动中的"重同姓"倾向（钱杭，2000）。《国语·鲁语下》云："古者分同姓以珍玉，展亲也。分异姓以远方之职贡，使无忘服也。"《国语·晋语四》云："诸姬之良，掌其中官。异姓之能，掌其远官。"周欣悦等（2006）的实验结果显示，被试者在选择合作伙伴时会受对方姓氏的影响，并倾向于选择与自身具有"同姓"关系的合作伙伴。这些皆体现了人们在社会活动与人际往来时，对同姓者的"偏爱"。此外，姓氏界定了宗族成员的资格标准，同姓者"近而同宗，远而共祖，支派难分，本源则一"。正如泰弗尔提出的社会认同理论认为的那样，个体知晓他（或她）归属于特定的社会群体，而且他（或她）获得的群体资格会赋予其某种情感和价值意义（Tajfel等，1971）。对于特定的群体而言，社会群体有"内群"和"外群"之分，群体成员自然地形成"内群偏好"和"外群歧视"。"内群偏好"源自群体成员间的共属感和认同感，这种共属和认同引起个体对同一群体内其他成员的信任、正面评价、合作，甚至是同情（Hewstone等，2002）。因此，同姓群体之认同以天然的姓氏文化基因为基础，以宗亲情感为支撑，这种身份认同最终表现为偏私行为，致使"同姓"签字注册会计师偏向甚至站在被审计单位高管的立场上，而丧失其实质上的独立性。签字注册会计师审计独立性的丧失则很可能导致客户公司会计稳健性的下降。首先，独立性受到损害的签字注册会计师更容易被客户公司的管理层"俘获"，默许管理层不够稳健的财务报告行为，甚至在审计之初，就站在被审计单位立场，与管理层合谋进行盈余操纵。其次，上市公司高管为实现某些特殊的利益诉求，也很可能通过"同姓相亲"之原则与签字注册会计师建立一种良好的私人关系，致使签字注册会计师无意识地偏向和无根据地信任被审计单位高管，也即"是亲相向"，导致签字注册会计师不再保持应有的职业谨慎，将直接影响其对被审计单位重大错报风险的判断，继而采取宽松的审计策略，执行不恰当或不充分的审计程序，难以发现客户财务报表中存在的错误和舞弊，从而降低了审计质量。总之，当被审计单位高管与签字注册会计师"同姓"时，姓氏文化会损害签字注册会计师实质上的独立性，致使审计监督之功能难以有效发挥，最终降低了客户公司的会计稳健性。基于以上分析，我们提出如下假设：

H：限定其他条件，高管与签字注册会计师存在"同姓"关系的上市公司，相比于二者不存在"同姓"关系的上市公司，具有较低的会计稳健性。

四、研究设计

(一) 样本选择与数据来源

本文选取沪深两市 2007~2015 年 A 股上市公司为研究样本,并对初始样本进行以下筛选:(1) 剔除金融保险类上市公司;(2) 剔除当年 ST 或 PT 的公司;(3) 剔除主要财务数据缺失的公司;(4) 剔除国资委控股的中央企业上市公司①。经过上述筛选之后,我们得到了 14409 个公司年度观测值。本文主要数据来源为国泰安 CSMAR 数据库,为了消除极端值对研究结果的影响,本文还对所有连续变量进行了 1% 与 99% 分位 Winsorize 处理。

(二) 变量定义与度量

1. 因变量:会计稳健性。本文借鉴沈永健等 (2013) 和罗进辉等 (2016) 关于会计稳健性的度量,根据 Khan 和 Watts (2009) 发展的 Basu 模型,计算出能表示每个公司—年度的会计稳健性指标 Cscore,具体计算模型为:

$$EPS_{i,t} / P_{i,t-1} = \beta_0 + \beta_1 Dr_{i,t} + \beta_2 Ret_{i,t} + \beta_3 Dr_{i,t} \times Ret_{i,t} + \varepsilon_{i,t} \quad (1)$$

$$Gscore = \beta_2 = \mu_0 + \mu_1 Size_{i,t} + \mu_2 Mtb_{i,t} + \mu_3 Lev_{i,t} \quad (2)$$

$$Cscore = \beta_3 = \lambda_0 + \lambda_1 Size_{i,t} + \lambda_2 Mtb_{i,t} + \lambda_3 Lev_{i,t} \quad (3)$$

其中,$EPS_{i,t}$ 为 i 公司第 t 年的每股收益;$P_{i,t-1}$ 为 i 公司第 (t-1) 年年末的股票收盘价;$Dr_{i,t}$ 为哑变量,当 $Ret_{i,t}<0$ 时取值为 1,否则取值为 0;$Ret_{i,t}$ 为公司在第 t 年 5 月至第 (t+1) 年 4 月买入并持有的年股票收益率;Gscore 为好消息确认的及时性程度;Cscore 为公司的会计稳健性水平;$Size_{i,t}$ 为 i 公司第 t 年年末总资产的自然对数;$Mtb_{i,t}$ 为 i 公司第 t 年年末股票总市值与账面总资产的比值;$Lev_{i,t}$ 为 i 公司第 t 年年末资产负债率。

将 (2) 式和 (3) 式代入 (1) 式,并对代入后的模型分年度进行回归,得到相应年份的 $\lambda_0 \sim \lambda_3$,将它们代入 (3) 式,得到相应年份的会计稳健性变量 Cscore。Cscore 值越大,公司的会计稳健性越高,反之则越低。

2. 自变量:姓氏文化。本文以上市公司高管②与签字注册会计师是否存在"同姓"关系度量审计过程中姓氏文化的存在。Surname 表示上市公司高管与签字注册会计师是否"同姓",若上市公司高管中至少一人与当年审计其财务报表的任意一个或全部签字注册会计师具有相同姓氏,则认为上市公司高管与签字注册会计师"同姓",Surname

---

① 从 2004 年开始,国务院每年通过招标为其控股的部分公司选聘会计师事务所,并由国资委支付审计费用。因此,央企上市公司聘请会计师事务所不具自主性,为使本文结果更加稳健,本文剔除中央企业上市公司。

② 本文所指的"高管"包括上市公司的董事长、CEO 和 CFO。

取值为 1；否则 Surname 取值为 0。

3. 控制变量。参照沈永健等（2013）和罗进辉等（2016）关于会计稳健性的相关研究，本文还控制了公司规模（Size）、市值账面比（Mtb）、总资产收益率（ROA）、流动比率（Liquid）、总资产净现率（Ocf）、第一大股东持股比例（First）、上市年限（Age）、产权性质（Gov）、是否亏损（Loss）、审计意见类型（Opinion）等变量可能对会计稳健性产生的影响。此外，为了控制行业和年度固定效应的影响，本文在回归模型中引入行业和年度虚拟变量。具体的变量定义和度量方法见表1。

表1 变量定义

变量类别	变量名称	变量符号	变量定义
被解释变量	会计稳健性	Cscore	根据 Khan 和 Watts（2009）发展的 Basu 模型计算客户公司的会计稳健性指标
待检验变量	是否同姓	Surname	若高管与签字注册会计师具有相同姓氏，则 Surname 取值为 1，否则取值为 0
控制变量	公司规模	Size	年末资产总额的自然对数
	市值账面比	Mtb	年末股票总市值与账面总资产的比值
	总资产收益率	ROA	本年总资产收益率
	流动比率	Liquid	年末流动比率
	总资产净现率	Ocf	年末经营活动现金流量净额占总资产的比率
	第一大股东持股比例	First	第一大股东持股数量占总股本的比重
	上市年限	Age	截至本年公司上市年数的开方值
	产权性质	Gov	当公司实际控制人为国有单位或国有法人时取值为 1，否则取值为 0
	是否亏损	Loss	当上市公司本年发生亏损时，取值为 1，否则为 0
	审计意见类型	Opinion	若本年获得非标准审计意见，则 Opinion 取值为 1，否则取值为 0
	行业	Industry	行业虚拟变量
	年份	Year	年度虚拟变量

（三）实证模型

为检验本文提出的研究假设，设计回归模型进行 OLS 多元回归分析，即：

$$Cscore = \alpha_0 + \alpha_1 Surname + \alpha_2 Size + \alpha_3 Mtb + \alpha_4 ROA + \alpha_5 Liquid + \alpha_6 Ocf + \alpha_7 First \\ + \alpha_8 Age + \alpha_9 Gov + \alpha_{10} Loss + \alpha_{11} Opinion + \sum Industry + \sum Year + \varepsilon \quad (4)$$

本文主要考察姓氏文化对上市公司会计稳健性的影响，也即被审计单位高管与签字注册会计师之间是否"同姓"与会计稳健性的关系，若 Surname 的回归系数 α_1 显著为负，则支持本文假设，即高管与签字注册会计师存在"同姓"关系的上市公司的会计稳健性水平更低。

五、实证分析

（一）描述性统计和相关性分析

表2列示的是主要变量的描述性统计结果。由表2中各变量的均值、中位数以及标准差的数值，可知样本数据分布较为合理并且具有一定的代表性。其中，$Cscore$的均值是0.030，中位数是0.028，标准差是0.052，意味着中国资本市场上不同上市公司间的会计稳健性水平存在一定差异；$Surname$的均值是0.116，意味着高管与签字注册会计师"同姓"的样本占总样本的11.6%，也即约有1671个公司—年度观测值的高管与签字注册会计师具有相同姓氏。

表3列示的是各变量之间的$Pearson$相关系数。由此表可知，与本文假设预期符号一致，$Cscore$与$Surname$在10%水平上显著负相关，这表明被审计单位高管与签字注册会计师的"同姓"关系影响签字注册会计师的执业行为，损害签字注册会计师的审计独立性，降低了审计质量，致使被审计单位的会计稳健性水平较低。但这仅仅是初步证据，更可靠的分析还需要在控制其他变量因素的基础上进行回归分析。此外，各变量之间的相关系数都在0.500以下，说明本文变量之间不存在明显的多重共线性问题。

表2 描述性统计

变量名称	观测值	均值	中位数	标准差	最小值	最大值
Cscore	14409	0.030	0.028	0.052	-0.129	0.185
Surname	14409	0.116	0	0.320	0	1
Size	14409	21.787	21.670	1.175	19.120	25.518
Mtb	14409	4.039	2.999	3.637	-1.810	23.627
ROA	14409	0.044	0.040	0.060	-0.239	0.213
Liquid	14409	2.381	1.495	2.742	0.207	16.511
Ocf	14409	0.044	0.0433	0.078	-0.201	0.261
First	14409	0.353	0.333	1.151	0.092	0.758
Age	14409	2.056	2.303	0.794	0	3.091
Gov	14409	0.445	0	0.497	0	1
Loss	14409	0.089	0	0.284	0	1
Opinion	14409	0.037	0	0.188	0	1

表3 相关性分析

	Cscore	Surname	Size	Mtb	ROA	Liquid	Ocf	First	Age	Gov	Loss	Opinion
Cscore	1											
Surname	-0.014*	1										
Size	0.313***	0.005	1									
Mtb	-0.425***	0.004	-0.318***	1								
ROA	-0.119***	-0.027***	0.051***	0.085***	1							
Liquid	-0.170***	-0.027***	-0.264***	0.012	0.246***	1						
Ocf	-0.101***	-0.008	0.032***	0.033***	0.336***	0.003	1					
First	0.047***	-0.008	0.218***	-0.055***	0.108***	-0.006	0.058***	1				
Age	0.125***	0.021**	0.303***	-0.005	-0.217***	-0.411***	0.034***	-0.099***	1			
Gov	0.104***	0.039***	0.294***	-0.103***	-0.130***	-0.270***	0.052***	0.136***	0.426***	1		
Loss	-0.019***	0.013	-0.109***	0.078***	-0.616***	-0.119***	-0.151***	-0.078***	0.126***	0.060***	1	
Opinion	-0.052***	0.003	-0.173***	0.102***	-0.272***	-0.083***	-0.078***	-0.087***	0.100***	0.008	0.284***	1

说明：*、**、***分别代表在10%、5%、1%水平上显著，下文同。

(二) 多元回归分析

为了更加系统科学地检验假设,本研究进行 OLS 多元回归分析,以控制其他因素可能对会计稳健性产生的系统影响。表4 的 Panel A 列示的是主测试模型(4)的多元回归分析结果。由表4 Panel A 可知,虚拟变量 Surname 的系数为-0.002,在5%水平上显著为负,意味着高管与签字注册会计师存在"同姓"关系的上市公司的会计稳健性水平较低,本文假设得以验证。该结果表明在中国特殊的经济和文化背景下,当被审计单位高管与签字注册会计师具有相同姓氏时,这一"同姓"关系承载的姓氏文化会对审计独立性产生严重的负面影响,导致签字注册会计师丧失了应有的职业关注和谨慎,忽略获取充分适当的审计证据,进而不利于被审计单位会计稳健性水平的提高。

(三) 进一步分析

1. 姓氏文化对会计稳健性之经济后果的影响:债务成本视角。会计稳健性的需求主要来自于债务契约和报酬契约(Watts,2003),债务契约是稳健性产生的最主要原因。已有研究表明,会计稳健性能够降低上市公司的债务融资成本。会计稳健性能够及时地将坏消息传递给债权人,有助于抵消债权人的信息弱势地位,降低了其可能面临的财务转移风险,因此财务报告稳健的借款公司更可能以较低的成本获得外部借款资金(李争光等,2017)。基于前文检验结果,我们可知,姓氏文化会损害签字注册会计师的审计独立性,导致被审计单位的会计稳健性水平较低。那么,姓氏文化是否也会影响会计稳健性与债务成本的关系?对此,我们借鉴郑登津和闫天一(2016)的研究经验,构建如下模型探究姓氏文化对会计稳健性与债务成本之关系的影响。

$$Dc = \alpha_0 + \alpha_1 Cscore + \alpha_2 Size + \alpha_3 Lev + \alpha_4 ROA + \alpha_5 Liquid + \alpha_6 Ocf + \alpha_7 Age + \alpha_8 Gov + \alpha_9 Loss + \alpha_{10} Indr + \alpha_{11} Tang + \sum Industry + \sum Year + \varepsilon \quad (5)$$

$$Dc = \alpha_0 + \alpha_1 Surname + \alpha_2 Cscore + \alpha_3 Surname \times Cscore + \alpha_4 Size + \alpha_5 Lev + \alpha_6 ROA + \alpha_7 Liquid + \alpha_8 Ocf + \alpha_9 Age + \alpha_{10} Gov + \alpha_{11} Loss + \alpha_{12} Indr + \alpha_{13} Tang + \sum Industry + \sum Year + \varepsilon \quad (6)$$

其中,被解释变量 Dc 为债务成本,即"分配股利、利润或偿付利息支付的现金 - 当年红利派息数 - 应付股利的变化数 + 应付利息的变化数)/(短期借款 + 长期借款 + 一年内到期长期借款 + 应付债券)",解释变量 Surname × Cscore 为 Surname 与 Cscore 的交乘项,控制变量 Lev 为资产负债率、Indr 为独董比例、Tang 为固定资产净值占总资产的比例,其他变量解释如表1所示。

从表4 的 Panel B 第一列的回归结果可知,Cscore 与 DC 在5%水平上显著负相关,表明上市公司的会计稳健性水平越高,其债务融资成本越低。而由 Panel B 第二列的回归结果可知,虽然 Cscore 与 Dc 仍显著负相关,但其与 Surname 的交互项 Surname × Cscore 则与 Dc 呈现显著正相关的关系。这表明,公司高管与签字注册会计师之间的

"同姓"关系显著抑制了会计稳健性降低债务成本的作用。对此可能的解释是，债权人会关注上市公司高管与签字注册会计师的"同姓"关系给其带来的风险，并很可能提高贷款利率或限制信用额度来应对该风险，在此种情况下，会计稳健性降低债务成本的作用必不如不存在"同姓"关系的情况下明显。

2. 声誉机制对姓氏文化与会计稳健性关系的约束作用。维护良好的审计声誉是会计师事务所提供高质量审计服务的内在动力。具有不同审计声誉和维护声誉需求的会计师事务所，签字注册会计师与被审计单位高管的"同姓"关系对其独立性的影响很可能是不一样的。声誉机制可以通过规范审计行为来减弱"同姓"关系对审计独立性的不利影响，从而降低"同姓"关系对会计稳健性的消极影响。为对此进行检验，本文借鉴马晨等（2016）的研究经验，设置变量 Rep 表示声誉机制，若上市公司聘请的会计师事务所当年综合评价排名前十，则 Rep 取值为1，否则 REP 取值为0，按此标准将全样本划分为两个子样本，并进行分组回归分析。

由表4的 Panel C 可知，在聘请的会计师事务所不存在声誉机制的子样本中，$Surname$ 的回归系数为 -0.002，且在5%水平上显著负相关，而在聘请的会计师事务所存在声誉机制的子样本中，$Surname$ 的回归系数为 -0.001，但统计上不显著。这表明，姓氏文化对会计稳健性的不利影响主要发生在非"十大"审计的公司中，也即审计声誉机制能够遏制姓氏文化对审计独立性的损害，保证被审计单位的会计稳健性水平。

3. 不同法制环境下姓氏文化对会计稳健性影响的差异。中国幅员辽阔，各地区的法律和制度环境相差悬殊。虽然同处中国资本市场，但各地区法制环境的差异必然会影响资本市场各方的行为表现。本文认为姓氏文化对上市公司会计稳健性的影响在不同法制环境下存在明显差异。首先，法制环境较差的地区投资者保护程度较弱，缺乏对高质量审计的需求，签字注册会计师更可能牺牲审计独立性，默许管理层违反稳健性原则的会计处理。其次，在法制环境较差的地区，发生审计失败的诉讼风险和诉讼成本较低，因此签字注册会计师更可能与被审计单位高管达成审计合谋，对审计服务的独立性进行妥协。而在法制环境较好的地区，签字注册会计师则倾向于维持较高的独立性，并更加关注企业的会计稳健性。

为对此进行检验，我们采用樊纲等（2011）与王小鲁等（2016）披露的法制环境指数[①]区分法制环境较差的地区（$Law = 0$）和法制环境较好的地区（$Law = 1$）进行分组检验。由表4的 Panel D 可知，在法制环境较差的地区，$Surname$ 的回归系数显著为负，而在法制环境较好的地区，$Surname$ 的回归系数不显著，验证了上述分析。

---

① 鉴于我们未能获取到2015年各地区的法制环境指数，故2015年的样本仍沿用2014年的法制环境指数。

表4　　　　　　　　　　　　　多元回归分析与进一步分析结果

	Panel A 多元回归分析	Panel B 进一步分析（1）	
Surname	-0.002**		-0.002
	(-2.402)		(-0.454)
Cscore		-0.063**	-0.071**
		(-2.033)	(-2.278)
Surname × Cscore			0.119*
			(1.662)
Size	0.006***	-0.005***	-0.005***
	(20.231)	(-4.626)	(-4.647)
Mtb	-0.004***		
	(-46.645)		
Lev		-0.077***	-0.077***
		(-10.225)	(-10.240)
ROA	-0.080***	0.097***	0.097***
	(-12.401)	(3.591)	(3.599)
Liquid	-0.003***	0.010***	0.010***
	(-23.283)	(10.142)	(10.157)
Ocf	-0.001	0.174***	0.174***
	(-0.361)	(11.751)	(11.752)
First	-0.000		
	(-0.142)		
Age	0.002***	0.003*	0.003
	(4.857)	(1.653)	(1.641)
Gov	0.002**	0.008***	0.008***
	(2.554)	(3.341)	(3.314)
Loss	-0.004***	0.024***	0.024***
	(-3.532)	(5.526)	(5.538)
Opinion	-0.004**		
	(-2.353)		
Indr		-0.018	-0.018
		(-0.891)	(-0.896)
Tang		-0.037***	-0.037***
		(-5.104)	(-5.104)
Constant	-0.047***	0.224***	0.224***
	(-7.073)	(9.406)	(9.428)
年度	控制	控制	控制
行业	控制	控制	控制
N	14409	10476	10476
调整后的 R^2	0.614	0.093	0.093

说明：括号中的数字为 T 值，下文同。

续表

	Panel C 进一步分析（2）		Panel D 进一步分析（3）	
	Rep = 0	Rep = 1	Law = 0	Law = 1
Surname	−0.002**	−0.001	−0.004***	−0.001
	(−2.143)	(−1.159)	(−2.632)	(−1.135)
Size	0.007***	0.005***	0.007***	0.005***
	(16.499)	(11.947)	(14.098)	(13.955)
Mtb	−0.003***	−0.005***	−0.004***	−0.004***
	(−24.876)	(−40.987)	(−30.384)	(−35.247)
ROA	−0.077***	−0.088***	−0.081***	−0.080***
	(−8.667)	(−9.482)	(−7.263)	(−10.074)
Liquid	−0.002***	−0.003***	−0.003***	−0.003***
	(−13.337)	(−19.352)	(−13.254)	(−19.151)
Ocf	−0.003	0.002	0.009	−0.007
	(−0.529)	(0.351)	(1.278)	(−1.553)
First	0.003	−0.002	0.005	−0.003
	(1.074)	(−0.837)	(1.489)	(−1.282)
Age	0.002***	0.002***	0.002**	0.002***
	(3.996)	(2.898)	(2.347)	(4.416)
Gov	0.000	0.003***	0.003***	0.001
	(0.487)	(3.019)	(2.746)	(0.882)
Loss	−0.007***	−0.003	−0.005**	−0.004***
	(−4.139)	(−1.444)	(−2.401)	(−2.617)
Opinion	−0.004**	−0.001	−0.001	−0.006***
	(−2.120)	(−0.576)	(−0.291)	(−2.918)
Constant	−0.072***	−0.015	−0.070***	−0.031***
	(−7.946)	(−1.482)	(−6.278)	(−3.592)
年度	控制	控制	控制	控制
行业	控制	控制	控制	控制
N	6899	7510	4972	9437
调整后的 R^2	0.621	0.622	0.640	0.601

（四）稳健性测试

为提高本文研究结论的可靠性，我们进行了以下五个方面的稳健性测试：

1. 我们采用 Basu（1997）的方法确认样本公司的会计稳健性，并构建如下模型对本文假设进行检验：

$$EPS/P = \alpha_0 + \alpha_1 Dr + \alpha_2 Ret + \alpha_3 Dr \times Ret + \alpha_4 Surname + \alpha_5 Surname \times Dr$$
$$+ \alpha_{17} Surname \times Ret + \alpha_6 Surname \times Dr \times Ret + \alpha_7 Size + \alpha_8 Size \times Dr + \alpha_{17} Size \times Ret$$
$$+ \alpha_9 Size \times Dr \times Ret + \alpha_{10} Mtb + \alpha_{11} Mtb \times Dr + \alpha_{17} Mtb \times Ret + \alpha_{12} Mtb \times Dr \times Ret$$
$$+ \alpha_{13} Lev + \alpha_{14} Lev \times Dr + \alpha_{15} Lev \times Ret + \alpha_{16} Lev \times Dr \times Ret + \sum Industry + \sum Year + \varepsilon$$
$$(7)$$

表5（1）列列示的是模型（7）的回归结果，其中 $Surname \times Dr \times Ret$ 的系数为 -0.030，且在1%水平上显著，说明高管与签字注册会计师的"同姓"关系降低了上市公司的会计稳健性，回归结果依然支持本文假设。

2. 为缓解截面相关和时间序列相关问题，本文在公司层面与年度层面进行 Cluster 处理，回归结果如表5（2）列所示，与主测试的结果基本一致。

3. 在我国，不同省份之间社会文化有着很大差异。这些差异使得不同省份对"同姓宗亲"观念的重视程度不同，那么，姓氏文化对会计稳健性的影响在不同省份的上市公司之间也恐存在差异。为使研究结果更加稳健，我们在研究模型中增加上市公司注册地所在省份固定效应，检验结果如表5（3）列所示，与主测试的结果基本一致。

4. 前文主测试我们剔除了中央企业上市公司，为增加本文研究结果的适用性，此部分本文加入中央企业上市公司样本再次进行回归，回归结果如表5（4）列所示，与主测试的结果基本一致。

5. 为缓解"同姓"关系与会计稳健性之间可能存在的内生性问题，我们对待检验变量和控制变量进行滞后一期处理，回归结果如表5（5）列所示，与主测试的结果基本一致。

表5　　　　　　　　　稳健性测试回归结果

	(1)		(2)	(3)	(4)	(5)
Dr	0.020	$Surname$	-0.002**	-0.002**	-0.001*	-0.004***
	(1.329)		(-2.442)	(-2.565)	(-1.836)	(-3.559)
Ret	-0.029**	$Size$	0.006***	0.006***	0.006***	0.007***
	(-2.298)		(16.975)	(20.222)	(21.287)	(19.829)
$Dr \times Ret$	-0.053	Mtb	-0.004***	-0.004***	-0.004***	-0.003***
	(-1.077)		(-22.402)	(-45.820)	(-47.410)	(-30.976)
$Surname$	-0.006***	ROA	-0.080***	-0.078***	-0.077***	-0.080***
	(-3.114)		(-9.037)	(-12.065)	(-12.452)	(-10.764)

续表

	(1)		(2)	(3)	(4)	(5)
Surname × Dr	0.002	Liquid	−0.003***	−0.003***	−0.003***	−0.003***
	(0.825)		(−19.665)	(−22.006)	(−24.313)	(−24.801)
Surname × Ret	0.019***	Ocf	−0.001	−0.002	−0.001	−0.008*
	(3.460)		(−0.323)	(−0.557)	(−0.337)	(−1.752)
Surname × Dr × Ret	−0.030***	First	−0.000	−0.000	−0.001	−0.000
	(−3.015)		(−0.146)	(−0.218)	(−0.587)	(−0.229)
Size	0.013***	Age	0.002***	0.002***	0.002***	0.002***
	(28.190)		(4.971)	(5.298)	(5.109)	(2.977)
Size × Dr	−0.001	Gov	0.002**	0.002**	0.002***	0.002**
	(−1.537)		(2.503)	(2.427)	(2.987)	(2.140)
Size × Ret	0.002***	Loss	−0.004***	−0.004***	−0.004***	−0.008***
	(3.104)		(−3.173)	(−3.538)	(−3.199)	(−5.612)
Size × Dr × Ret	0.003	Opinion	−0.004	−0.004**	−0.004**	−0.013***
	(1.478)		(−1.488)	(−2.272)	(−2.339)	(−7.378)
Mtb	−0.000***	Constant	−0.047***	−0.047***	−0.039***	−0.106***
	(−4.039)		(−5.785)	(−6.871)	(−6.511)	(−14.034)
Mtb × Dr	−0.000					
	(−0.050)					
Mtb × Ret	−0.000					
	(−0.570)					
Mtb × Dr × Ret	−0.003***					
	(−3.939)					
Lev	−0.034***					
	(−16.957)					
Lev × Dr	0.001***					
	(2.624)					
Lev × Ret	−0.007***					
	(−2.632)					
Lev × Dr × Ret	0.065***					
	(6.279)					
Constant	−0.249***					
	(−24.097)					
年度	控制		控制	控制	控制	控制
行业	控制		控制	控制	控制	控制
省份				控制		
N	14409		14409	14409	15945	11686
调整后的 R^2	0.280		0.614	0.616	0.618	0.610

六、结论

本文以 2007~2015 年我国 A 股上市公司为研究样本,从被审计单位高管与签字注册会计师是否"同姓"的视角,研究姓氏文化对会计稳健性的影响。研究结果表明:在中国关系型社会及转型经济背景下,高管与签字注册会计师之间的"同姓"关系背后蕴藏的姓氏文化很可能会损害签字注册会计师的审计独立性,最终降低被审计单位的会计稳健性。进一步研究发现:姓氏文化对会计稳健性降低债务成本的作用具有显著的负向影响,这表明债权人会关注上市公司高管与签字注册会计师的"同姓"关系给其带来的风险,并提高债务成本以应对该风险;姓氏文化对会计稳健性的消极影响主要反映在非"十大"会计师事务所审计的公司中,表明会计师事务所的良好声誉能在一定程度上抑制姓氏文化对会计稳健性的消极影响;上市公司所处地区的法制环境能够抑制姓氏文化对会计稳健性的消极影响,这是因为在法制环境好的地区,签字注册会计师面临着更高的诉讼风险和诉讼成本。

根据本文的研究结论,我们可以获得以下启示与建议:(1)上市公司高管与签字注册会计师的"同姓"关系会损害审计独立性,降低会计稳健性。那么,一方面,监管部门可以有针对性地加强对聘请"同姓"签字注册会计师进行审计的上市公司会计稳健性原则遵循情况的抽查监督,以提高监管效率;另一方面,在为高管与签字注册会计师"同姓"的上市公司提供审计服务时,签字注册会计师应该采取必要措施保持审计独立性,以发挥更有效的监督作用,会计师事务所则应加强业务质量控制,防止审计质量受损,降低可能面临的审计失败风险和诉讼风险。(2)具有良好声誉的"十大"会计师事务所能够抑制姓氏文化对审计师独立性的不利影响,说明审计声誉机制在有效地发挥作用,中国注册会计师协会应该进一步鼓励做大、做强本土会计师事务所,以强化声誉机制对会计师事务所的激励和约束作用。(3)在法制环境较好的地区,姓氏文化对会计稳健性的负面影响不明显,那么在完善法制建设和提高执法效率的同时,相关监管部门应该对法制环境较弱地区的上市公司给予更多的关注,促使其有意识地提高会计稳健性。

主要参考文献

蔡春,谢柳芳,马可哪呐. 2015. 高管审计背景、盈余管理与异常审计收费. 会计研究,3:72—78。

陈小林,张雪华,闫焕民. 2016. 事务所转制、审计师个人特征与会计稳健性. 会计研究,

6：77—85。

陈宋生，赖娇. 2013. ERP系统、股权结构与盈余质量关系. 会计研究，5：59—66。

陈冬华，胡晓莉，梁上坤，新夫. 2013. 宗教传统与公司治理. 经济研究，9：71—84。

刘运国，吴小蒙，蒋涛. 2010. 产权性质、债务融资与会计稳健性：来自中国上市公司的经验证据. 会计研究，1：43—50。

李争光，赵西卜，曹丰，刘向强. 2015. 机构投资者异质性与会计稳健性：来自中国上市公司的经验证据. 南开管理评论，3：111—121。

陆正飞，胡诗阳. 2015. 股东—经理代理冲突与非执行董事的治理作用：来自中国A股市场的经验证据. 管理世界，1：129—138。

罗进辉，李雪，林芷如. 2016. 审计师—客户公司的地理邻近性与会计稳健性. 管理科学，6：145—160。

陆瑶，胡江燕. 2014. CEO与董事间的"老乡"关系对我国上市公司风险水平的影响. 管理世界，3：131—138。

李成贵. 1994. 当代中国农村宗族问题研究. 管理世界，5：189—196+225。

李争光，曹丰，赵西卜，徐凯. 2017. 机构投资者异质性、会计稳健性与债务资本成本. 当代财经，2：122—132。

樊纲，王小鲁，朱恒鹏. 2011. 中国市场化指数：各地区市场化相对进程2011年报告. 北京：经济科学出版社。

马晨，张俊瑞，杨蓓. 2016. 财务重述对会计师事务所解聘的影响研究. 会计研究，5：79—86。

钱杭. 2000. 同姓集团与同姓联结：中国先秦时代的同姓观念与实践. 上海社会科学院学术季刊，1：173—181。

孙光国，赵健宇. 2014. 产权性质差异、管理层过度自信与会计稳健性. 会计研究，5：52—58。

沈永建，梁上坤，陈冬华. 2013. 职工薪酬与会计稳健性：基于中国上市公司的经验证据. 会计研究，4：73—80。

翁宵暐，许静静. 2015. 家族企业创始人的职业经历与会计稳健性. 中南财经政法大学学报，3：71—78。

吴溪，王春飞，陆正飞. 2015. 独立董事与审计师出自同门是"祸"还是"福"？——独立性与竞争—合作关系之公司治理效应研究. 管理世界，9：137—146。

王小鲁，樊纲，余静文. 2016. 中国分省份市场化指数报告. 北京：社会科学文献出版社。

朱松，夏冬林，陈长春. 2010. 审计任期与会计稳健性. 审计研究，3：89—95。

周欣悦，高定国，马燚娜，吴国宏，王燕. 2006. 中国文化中内隐自大对人际吸引力的影响. 心理科学，6：1484—1488。

张建勇. 2014. 审计师变更与会计稳健性关系的实证研究. 审计研究，5：94—100。

周玮，徐玉德，王宁. 2012. 注册会计师的任期和强制轮换与会计盈余稳健性：来自沪深A股上市公司的经验证据. 审计研究，3：90—97。

郑登津，闫天一. 2016. 会计稳健性、审计质量和债务成本. 审计研究，2：74—81。

Allen, F., J. Qian, & M. Qian. 2005. Law, finance, and economic growth in China. *Journal of Financial Economics*, 77 (1): 57 – 116.

Basu, S. 1997. The conservatism principle and the asymmetric timeliness of earnings. *Journal of Accounting and Economics*, 24 (1): 3 – 37.

Ball, R., A. Robin, & G. Sadka. 2008. Is financial reporting shaped by equity markets or by debt markets? an International study of timeliness and conservatism. *Review of Accounting Studies*, 13 (2): 168 – 205.

Bushman, R., Q. Chen, & E. Engel. 2004. Financial accounting information, organizational complexity and corporate governance systems. *Journal of Accounting and Economics*, 37 (2): 167 – 201.

Guan, Y., L. Su, D. Wu, & Z. Yang. 2016. Do school ties between auditors and client executives influence audit outcomes? *Journal of Accounting and Economics*, 61 (3): 506 – 525.

Hofstede, G. 1980. Culture's consequences: international differences in work – related values. *Beverly Hills, CA: Sage Publications.*

Hewstone, M., M. Rubin, & H. Willis. 2002. Intergroup bias. *Annual Review of Psychology*, 53: 575 – 604.

Hwang, B. H., & S. Kim. 2009. It pays to have friends. *Journal of Financial Economics*, 93 (1): 138 – 158.

Iyengar, R. J., & E. M. Zampelli. 2010. Does accounting conservatism pay? *Accounting and Finance*, 50 (1): 121 – 142.

Jenkins, D. S., & Y. U. Velur. 2008. Does auditor tenure influence the reporting of conservative earnings? *Journal of Accounting and Public Policy*, 27 (2): 115 – 132.

Khan, M. & R. L. Watts. 2009. Estimation and empirical properties of a firm – year measure of accounting conservatism. *Journal of Accounting and Economics*, 48 (2/3): 132 – 150.

Lennox, C. S. 2005. Audit quality and executive officers' affiliations with CPA firms. *Journal of Accounting and Economics*, 39 (2): 201 – 231.

Riahi – Belkaoui, A. 2004. Law, religiosity and earnings opacity internationally. *International Journal of Accounting, Auditing, and Performance Evaluation*, 1 (4): 493 – 502.

Tajfel, H., M. Billig, R. Bundy, & C. L. Flament. 1971. Social categorization and inter – group behavior. *European Journal of Social Psychology*, 1 (1): 149 – 178.

Watts, R. L. 2003. Conservatism in accounting part I: explanations and implications. *Accounting Horizons*, 17 (3): 207 – 221.

Does Surname Culture Impact Accounting Conservatism: Evidence from China's Securities Market

Rui Zhang, Yangyang Wang

Abstract: Selecting the A-share listed companies from 2007 to 2015 in Shanghai and Shenzhen stock market as samples, this paper studies the impact of surname culture on accounting conservatism. The result shows that the companies having the same surname between top managers and auditors have lower accounting conservatism. Further analysis shows that surname culture suppresses the impact of accounting conservatism on reducing debt cost remarkably; and audit firm reputation can restrain the negative effect of surname culture on accounting conservatism; compared to regions with better legal environment, the negative effect of surname culture on accounting conservatism is more pronounced in regions with worse legal environment. This study not only contributes to expand the understanding regarding to motivations and consequences of auditors' behaviors, but also provides important practical implications for auditors, regulatory institutions, and firms. Specifically, auditors having nepotism with top managers should take measures to improve their auditing independence; and regulatory institutions may put more efforts to supervise firms having nepotism with auditors for the sake of improving regulatory efficiency.

Keywords: Surname culture; Top managers; CPA; Accounting conservatism

责任分散合理化、负性情绪与舞弊行为倾向*

陈 艳 陈邑早 于洪鉴

【摘 要】 本文从舞弊行为合理化的微观心理层入手，运用情境模拟的实验研究方法，考察责任分散合理化、负性情绪与舞弊行为倾向之间的相互作用关系。实验结果表明，行为人的责任分散合理化程度越高，其对舞弊行为倾向的影响程度越大；负性情绪在责任分散合理化与舞弊行为倾向之间起部分中介作用；在不同舞弊倾向主体之间，责任分散合理化对舞弊倾向的影响程度存在显著性差异，即行为主体的舞弊倾向性越强，责任分散合理化的影响作用越弱。同时，上述结论不论对于在校学生还是实务工作人员都是稳健且显著的。

【关键词】 责任分散合理化；负性情绪；舞弊倾向；道德推脱

收稿日期：2017 - 11 - 23

基金项目：国家社会科学基金项目（15BGL055）

作者简介：陈艳，女，博士，东北财经大学会计学院教授，博士生导师；陈邑早，男，东北财经大学会计学院硕士生，549294269@qq.com；于洪鉴，男，东北财经大学会计学院博士生。

*作者感谢第七届审计理论创新发展论坛评论人和与会学者的宝贵意见，同时，感谢审稿人对本文的宝贵意见，但文责自负。

一、问题的提出

自 Albrecht（1995）提出舞弊三角理论以来，压力、机会和合理化成为舞弊行为预防与控制的重要治理框架，国际审计准则委员会将舞弊三要素作为预测组织情境中舞弊行为发生可能性的重要因素。但是，随着舞弊行为治理过程的研究和实践，不论是理论界还是实务界，都将视角集中于对压力和机会的分析和控制，关于合理化对舞弊行为的影响作用，由于其属于微观心理层变量，难以捕捉、控制和度量，因此少有学者予以关注（Hogan 等，2008）。

根据中国证监会对外披露的公告显示，自 2011 年至 2016 年，中国证监会对资本市场上市公司违规行政处罚公告数量仍然逐年增加（如图 1 所示），并且截至 2017 年 9 月 21 日，本年的违规处罚公告次数已经达到 91 次。日益增多的违规舞弊事件与日趋严苛的监管环境之间的矛盾现象引人深思，如果说舞弊三要素是舞弊行为产生所必不可少的三大条件，那么从现有的治理体系中，忽略合理化因素的影响作用，仅仅从压力、机会的监管视角恐怕难以从根本上解决舞弊行为的治理问题。

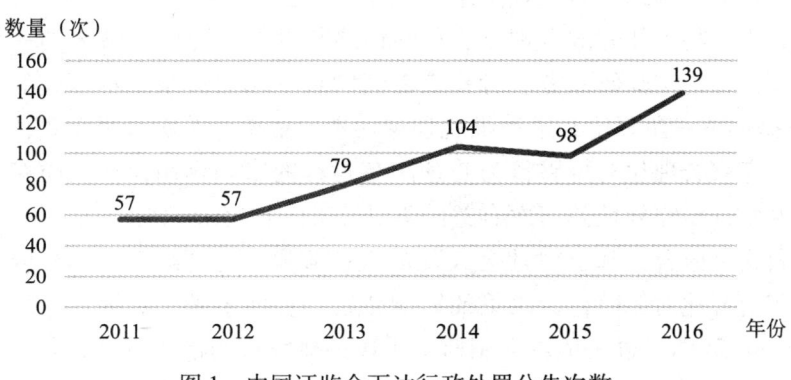

图 1　中国证监会下达行政处罚公告次数

行为心理学的研究表明，对于不道德行为的最好解释存在于潜在的心理过程之中（Messick 和 Bazerman，1996；Tenbrunsel 和 Messick，2004；杨继平等，2010），行为决策的过程本质上是行为人心理决策的过程，不论何种内、外部事件都是通过影响行为决策者的心理从而影响决策选择。在舞弊行为的相关研究中，Cressey（1953）通过对挪用公款的企业人员进行访谈研究后发现，合理化是舞弊行为发生所必不可少的前提条件，因为大多数行为人都在意自己是否是道德的以及在日常生活中讲道德的程度（张宏伟和李晔，2014），社会道德标准和个体的道德认同会让行为人形成一定的道德行为准则，根植于内心的道德准则对道德行为起着良好的自我调节作用，引导道德行为并制止舞弊等不道德行为（Bandura，1986；Aquino 等，2007）。因此，行为主体想要实施舞弊，必须通过合理化的方式来减少真实欲望的自我（潜在的舞弊者）与理想道义的自我（道德者）之间的矛盾（Crowe 和 Higgins，1997）。因此，近年来，越来越多的学者认为，降低合理化并形成以情绪为基础的干预机制，通过建构行为人的心理防线来实现自我控制，是减少舞弊行为的有效方式之一（Murphy 和 Dacin，2011；Murphy，2012；Mayhew 和 Murphy，2014；Reinstein 和 Taylor，2015），例如尝试"切断"常见的合理化路径可以显著抑制行为主体的错报行为（Murphy，2012）。因此，自我合理化作为舞弊三角理论中必不可少的因素之一，这一理论和实证盲点应该引起会计舞弊行为研究的深度关注。

根据道德推脱（Moral Disengagement）的理论框架，舞弊行为合理化的常见方法共分为八个类别[①]，而责任分散合理化（Diffusion of responsibility）是常见类型之一（Bandura，1999）。当行为人处于或自认为其处于不道德的环境氛围时，实施舞弊行为的责任会被推卸到其他个体的身上，例如南方保健舞弊案的前任首席执行官 Richard 坚称"所有的企业都在捏造和粉饰报表数字，错不在我"（Stuart，2005）。责任分散合理化本质上是行为人的一种心理防御机制，其目的是为了抑制实施舞弊行为所伴生的负性情绪（Murphy，2012），通过合理化自身的舞弊行为，使得负性情绪对舞弊行为的抑制作用失效，进而影响到行为人对舞弊行为的决策选择。

基于此，本文将责任分散合理化、负性情绪与舞弊行为倾向纳入同一个分析框架中，运用情境模拟的实验研究方法考察三者间的相互作用关系。本研究的主要贡献在于：（1）根据舞弊三角理论和道德推脱理论的理论框架，首次着眼于责任分散合理化的研究视角，考察合理化对舞弊行为心理决策过程的影响作用，在国内有关舞弊行为合理化理论和实证研究领域是一次有益的尝试。（2）将会计学、心理学、行为学、社会学等多学科交叉融合，基于"社会人"的人性假说，将情绪等非理性因素纳入研究框架，考察了合理化对舞弊行为决策的影响路径，有助于进一步揭示伦理道德决策的心理黑箱。（3）区别于过去依赖强制监管手段的舞弊行为治理方案，限制合理化是一种从根源上强化行为人自我控制能力的治理方式，为会计舞弊行为的预防和控制策略提供了新的视角。

二、理论分析与研究假设

（一）合理化与责任分散合理化：概念内涵与理论基础

舞弊三角理论作为著名的舞弊动因理论，其重要贡献在于，揭示了舞弊行为成因

[①] 道德推脱理论是 Bandura 于 1986 年提出，该理论的主要观点是，实施不道德行为的个体会形成特定的认知倾向，通过使用八种不同类型的合理化机制（详见表1）来合理化自我的偏差行为，从而避免个体的内疚和自责情绪。

的关键构成要素。在该理论的指导下，会计舞弊行为的研究视角能够有效着眼于合理化这一内在心理因素。但是，合理化并非是由该理论所提出的全新观点，有关合理化的概念起源、理论源泉与常见方法，舞弊三角理论难以给出清晰而全面的回答，需要进一步借鉴犯罪学（中和理论）和社会心理学（道德推脱）的理论来厘清合理化要素的概念内涵及其相关变量。

合理化作为专业术语最先被威尔士神经学家、心理医生 Jones 于 1908 年提出，Jones 认为，作为一个理性人，期望自我价值获得他人认可的欲望产生了合理化这一心理过程。Sloane（1944）认为合理化是将偏离个体认知的行为或思想赋予正当理由的一种手段，社会心理学的文献将其定义为一种后行为过程，行为主体通过该过程可以显著降低实施不道德行为的负面效应（Fointiat，1998）。

Cressey（1953）揭示了合理化是白领犯罪一贯发生的因素，通过合理化的方式，偏差行为人即使实施了被广泛认为的不道德行为，也可以给予自我诚实和值得信任的心理暗示。继 Cressey 的研究之后，Sykes 和 Matza（1957）基于犯罪学的视角，首次将相关现象和理论系统化，提出著名的中和理论（Neutralization theory），该理论的主要观点是，违反法律的个体会让自我陷入合理化的机制当中，通过寻找各种各样的理由来使得个体免于社会道德的谴责。Sykes 和 Matza（1957）确定了五种具体类型的中和技术，即否认责任、否认伤害、否认被害者、谴责批判者、高度效忠群体。随着理论的进一步发展，合理化作为一项内化心理加工机制，也逐渐引起了心理学领域的关注。Bandura（1986，1999）基于社会心理学视角提出了道德推脱的概念，并以此来解释"人为什么会实施不道德行为"的潜在心理过程。Bandura 强调，个体对待道德行为存在本能的自我调节功能，但该功能可以通过八个交互作用的道德推脱机制（如表1所示）使其无效化，进而引发不道德行为。

表1　　　　　　　　　　　道德推脱理论

机制	示例	应用领域	相关文献
道德辩护	"我是为了我的组织能够渡过难关"	社会心理学 组织伦理学	Bandura（1986，1990，1999，2002）
委婉标签	"在商业战争中欺骗只不过是一种策略"		
有利比较	"其他人做得比我要严重得多"		
责任转移	"领导让我这么做的"		
责任分散	"所有人都这么做"		
忽视或扭曲结果	"没有人受到伤害"		
非人性化	"他罪有应得"		
责备归因	"是他先挑衅的，我只是正当防卫"		

资料来源：根据相关文献整理。

Murphy 和 Dacin（2011）认为舞弊三角理论的合理化构念①被不同的研究者用不同术语予以表达：中和理论（Neutralization theory）将其称之为中和技术，而 Bandura（1986，1990）将其表达为道德推脱机制，都是指一种道德上的自我欺骗技术，通过合理化自身的不道德行为，从而避免良心谴责（Welsh 等，2015）。

虽然上述理论是基于不同的学科属性和研究目的而提出，但均是对合理化因素的理论发展，其对合理化所形成的共识是一致的。所谓合理化，是指一些特定的认知过程，通过这些认知过程，偏差（舞弊）行为人能够实现"行为趋同道德"的自我说服，从而避免内心谴责。但是，能够诱发合理化这一认知过程的方法具有多样性，本文根据道德推脱的理论框架，选取责任分散这一普遍且具有代表性的视角。有学者指出，责任分散已经成为现代社会中的新型"道德困境"，凸显了道德情境中"善的脆弱性"（高晓文和于伟，2016）。本文将责任分散合理化界定为由责任分散方式所诱发的合理化认知过程，责任分散合理化（Diffusion of responsibility）在心理学研究中也被称为责任分散效应，是指对于某个偏差行为而言，如果由某个个体单独实施或完成时，行为人会清楚地意识到自我对于行为后果所承担的完全责任，但如果由行为群体共同实施或完成时，群体中的"匿名效应"会稀释和分散个体的道德责任，从而有效减轻和消解实施不道德行为所产生的心理压力。

责任分散合理化是合理化认知过程的方法之一，与道德推脱框架下的其他方法的区别和联系在于，诱发合理化的方式不同，认知推理过程的信息需求不同，但其所要达到的目的和最终所导致的行为后果是相同的，即实施舞弊行为的同时维护自我的道德属性，避免内心谴责和不安。行为人对合理化方法的选择不依赖于自我的选择性偏好，而是取决于在具体道德情境中所能搜寻、获取和加工的认知信息（Brown，2014）。综上所述，正因不同合理化方法对行为后果影响效应的一致性以及合理化方法选择的信息依赖性，后续有关行为后果影响效应的理论分析部分，"合理化"与"责任分散合理化"作为互相替代的概念，不再具体区分，在实验设计部分以责任分散信息作为具体方式的诱发信息，在此说明，避免出现概念分歧。

（二）舞弊行为倾向

舞弊行为倾向在行为学的研究范畴内被界定为是一种行为意向（Ajzen，1991），其目的是为了解决某些难以直接观测行为的度量问题。舞弊行为倾向的具体含义是指"行为人主观上愿意实施舞弊行为的倾向性"，是舞弊行为的直接前置因素（谭艳艳和汤湘希，2012），行为人的行为意向越强，其实施具体行为的可能性越大（James，

---

① 构念：在 Murphy 和 Dacin（2011）的一文中使用的是"construct"一词，因而，此处将其译为"构念"。实际上，"构念"一词是从心理学领域所发展出来的特有概念，与"构念效度"的提出密切相关，是指行为人对环境中人、事、物在认知上所形成的主观观念。

1998；Daniel 等，2001）。因而，本文以舞弊行为倾向作为舞弊行为决策的替代变量，行为人的舞弊行为倾向越强，代表其实施舞弊行为的可能性越大。

（三）责任分散合理化与舞弊行为倾向

Wells（2004）发现，当呈现出近乎一致的压力和机会时，有的个体或组织会选择实施舞弊，而有的却不会。Kranacher 等（2010）将具有舞弊压力和充分舞弊机会的个体称为可能实施舞弊的"潜在舞弊者"，这意味着舞弊行为并非是压力和机会的必然产物，对他人认可的期望和对自我道德的期望使得每个个体对待道德行为都具有本能的自我调节功能（自控能力），行为人不愿意违背社会期许和自我道德来实施舞弊行为。由此可见，舞弊自我与道德自我的冲突性会形成一道限制个体行为的心理壁垒，能否越过自我的"心理关"成为至关重要的决定因素，当舞弊压力和机会同时存在时，是否实施舞弊取决于行为人能否找到合理的借口来完成自我说服。

舞弊行为合理化的独特之处在于，合理化舞弊行为的个体并非对舞弊行为持认同态度（Murphy 和 Dacin，2011），合理化实质上是为自己的行为赋予了一种"特殊情况特殊对待"的特别化思维，目的是让其始终坚信自己是诚实和道德的，从而避免了彻夜难眠与寝食难安。换言之，合理化不仅能够瓦解行为人对舞弊行为的心理防线，还能够维护甚至强化舞弊行为人的道德属性，合理化舞弊行为的个体会通过"错不在我"抑或"为了维护更高的社会道义"来满足自我对于社会期许和道德自我的要求，因而，行为人合理化舞弊行为的程度越高，其对舞弊行为倾向的强化作用越为显著。

综上所述，当实验情境为其提供可能诱发责任分散合理化的相关信息时，行为人对信息的接受认可程度反映其合理化程度。行为人对责任分散合理化的认可程度越高，其越有"能力"将承担实施不道德行为的责任分散至整个舞弊群体上，进而对舞弊行为倾向的影响作用越大。基于此，本文提出如下假设：

H1：行为人的责任分散合理化程度越高，其对舞弊行为倾向的影响作用越大。

（四）负性情绪的中介作用

在道德决策过程中，道德行为与道德情绪之间互为依存的水平更高（Haidt，2008），但是传统认知心理学家对道德决策问题的研究忽视了情绪因素对个体行为的重要作用（吴粒和于延琦，2013），神经科学、社会心理学的已有研究表明，道德决策实质上是一个认知—情绪的双加工过程，行为主体的"道德脑"是认知脑和情绪脑的复杂重叠（谢熹瑶和罗跃嘉，2009）。在有关情绪参与道德判断的脑成像研究中发现，人脑的右侧颞顶联合区（Right Temporo - parietal Junction，RTPJ）在受试对象完成道德判断后的 12 至 18 秒才会被点亮和激活（Kliemann 等，2008）。RTPJ 是人脑中用于理解、推测和判断行为意图的关键认知中枢，其延迟激活表明以情绪主导的道德判断先于认知加工过程，行为主体的内在情绪因素具有先导性作用。

在财务舞弊行为的决策过程中,舞弊行为与道德信念的冲突会让个体产生认知失调(Festinger,1957),当个体持有两个或两个以上相互矛盾的认知元素时,内心会呈现出不协调的心理状态,这种不协调的心理状态是多种负性情绪的集合体,包括但不限于以下情绪:心理不适感(Festinger,1957)、内疚情绪(Haidt,2009;Plant和Devine,1998)、后悔情绪(孔晨、于洪鉴和陈艳,2015)等,负性情绪会对行为人的舞弊决策起到抑制作用。但合理化正是减少行为人认知失调的有效途径,通过改变个体对特定环境的认知,将舞弊行为披上"近道德"外衣,在这种情况下,自我认知形成的道德判断趋同道德自我,极大地减少了由于认知失调所伴生的负性情绪,从而使得负性情绪对舞弊行为决策的抑制作用失效,进而影响到行为人的舞弊行为倾向。基于此,本文提出如下假设:

H2:负性情绪在责任分散合理化与舞弊行为倾向之间具有中介作用。

(五)责任分散合理化在不同舞弊倾向主体间的差异性作用

在会计舞弊行为的早期研究中隐含着一条基本假设,即合理化是稳定且独立的内部心理因素,但是随着研究的进一步发展,越来越多学者认为,合理化对舞弊行为的影响效应受外部环境、个体认知、情绪系统等多种因素的影响,环境不同、个人特质不同、当下的情绪状态不同均会产生不一样的输出结果。例如当处于高舞弊压力情境下,不论个体合理化程度的高低(Desai等,2010),均表现为较高的舞弊行为倾向,但是,当处于低舞弊压力、高舞弊机会的情境下,行为主体的合理化程度越高,其对舞弊行为决策的影响程度越大。

道德决策的社会直觉模型(Haidt,2008)指出,舞弊行为决策的认知推理过程易受到非理性因素的影响。如果行为人的内心对于达到某个目标具有强烈的倾向和动机时,其后续的推理决策过程会由客观推理、权衡利弊转化为主动寻找信息来合理化自我的判断,也即处于动机推理理论[①](Kunda,1990)所指的动机推理状态。个体的认知会扮演着"辩护律师"的角色,通过信息的选择性关注来实现自我合理化,因而,其实施某种行为的决策意图不会发生显著变化。

根据动机推理理论以及道德决策的社会直觉模型,本文认为在不同的舞弊倾向性下,合理化对舞弊行为心理决策的影响路径是不同的。随着舞弊倾向性由低到高,其行为含义会逐渐由拒绝实施舞弊过渡至基本确定实施舞弊。对于拒绝实施舞弊的行为人而言,责任分散合理化的作用路径主要是通过逐渐瓦解行为人的心理防线,驱动个体由拒绝舞弊到逐渐接受舞弊行为,从而显著影响甚至改变行为人的决策意图;但是,对于基本确定实施舞弊的行为人而言,责任分散合理化不再改变其舞弊行为的决策意

---

① 动机推理理论(Kunda,1990)是指具有动机实现某种特定结论的行为人,在后续的认知加工过程中会以偏向内心预设结论的方式对信息进行搜寻、选择和加工,从而支持和肯定自我的预期判断和倾向。

图，后续的认知加工过程主要是通过寻找有利信息来合理化自我的决定，因此，责任分散合理化实质上成为潜在舞弊者用来证明自己"决策正确"以及"错不在我"的信息工具，其目的是为了降低实施舞弊行为所产生的内疚感和负罪感。因此，对于不同的行为主体而言，责任分散合理化的影响作用会随着舞弊行为倾向的增强而被减弱，基于此，本文提出如下假设：

H3：不同舞弊倾向主体之间，责任分散合理化对舞弊倾向的影响作用存在显著性差异，即行为主体的舞弊倾向性越高，责任分散合理化的影响作用越弱。

三、研究设计

（一）实验设计与研究工具

由于舞弊行为研究的敏感性，情境模拟被视为一种有效的研究工具（Mujtaba，1997；谭艳艳和汤湘希，2012）。Cavanugh 和 Fritzsche（1985）通过对比各研究工具后发现，在商业背景的道德伦理研究中，情景模拟可以让决策环境更加真实，更能激起被试者的情感反应，因而测量效度较其他研究工具更高。因此，本文采用情境模拟的实验研究方法，具体实验设计如下所示。

1. 舞弊情境。本文以 Jeanette 等（2009）、Brown（2014）设计的情境为参考蓝本，主要内容为：某子公司总经理面对绩效压力和舞弊收益（年工资额35%），是否选择伪造凭证并递延确认部分财产清查损失。为了让受试主体更愿意表达自己真实意愿，情境中设定了一名假想的参与者，受试主体通过换位设想的方式来表达自己的意愿和感受。为了明确区分负性情绪和合理化对于个体舞弊倾向的作用，避免变量混淆，本文借鉴了 Murphy（2012）的设计方法，在情境设计中只为受试主体提供了舞弊压力和机会，对有关监管惩罚信息有意忽略，并告知受试对象舞弊行为很难被发现，从而降低舞弊行为的曝光成本，提高研究效度。另外，在情境后附相关题项，测度个体的舞弊行为倾向和假定实施舞弊行为的情绪感受。舞弊倾向的测度采用一个题项，即"递延确认部分损失的倾向性"，采用 7 级评定计分；负性情绪的测度采用 Tangney 等（1990）内疚情绪量表部分项目，共 3 个项目，如："对自己的行为感到良心不安"，采用 5 级评定计分。

2. 责任分散。借鉴 Jeanette 等（2009）情境设计并加以改编，主要内容为：由于集团近年来效益波动较大，集团内每年都会有几家子公司负责人通过利润操纵的方式填补绩效缺口，实现绩效目标，并且这种处理很难被发现。本文通过上述情境为受试对象提供可供合理化的信息，并且在责任分散的诱发情境后测度受试对象的合理化程度、舞弊倾向以及假定实施舞弊行为的情绪感受。合理化程度采用一个题项，即"鉴于集团内其他子公司都普遍通过利润操纵来实现绩效目标，递延确认部分费用不应受到责备",采用7级评定计分,其余项目测度同上。

3. 问卷质量控制。为了确保实验控制有效,本文设计了四个情境后测题项,用来测试受试主体对填答规则、题项内容的理解程度以及填答的认真程度,四个题项全部回答正确的样本予以保留。

4. 社会赞许效应控制。由于舞弊行为研究的敏感性,受试对象在填答时容易受到社会赞许性的影响,表现为掩盖自我不被称道的真实想法,突出自我的正向特质,因而容易产生作答偏差。本文采用杨中芳(1996)社会赞许性量表,共10个项目,如:"当听不懂别人讲话时,有时我也会点头假装听懂",采用2级评定计分,0 = 从未有过,1 = 曾经有过。

综上所述,实验设计流程及研究工具如表2所示。

表2　　　　　　　　　　实验设计流程及研究工具

情境设计	度量指标	研究工具	文献来源
舞弊情境	舞弊倾向（$Fraud\_A_0$）	1道题项	Jeanette 等（2009）
	负性情绪（Neg_B_0）	内疚情绪量表	Tangney 等（1990）
责任分散	合理化程度	1道题项	Brown（2014）
	舞弊倾向（$Fraud\_A_1$）	1道题项	Jeanette 等（2009）
	负性情绪（Neg_B_1）	内疚情绪量表	Tangney 等（1990）
问卷质量控制	—	4道题项	—
社会赞许效应控制	社会赞许性	社会赞许量表	杨中芳（1996）

（二）假设检验模型构建

为检验前述研究假设,在提高模型拟合优度的同时,尽量避免多重共线性和内生性的影响,本文建立了4个检验模型:式(1)用以检验假设H1,即行为人的责任分散合理化程度越高,其对舞弊行为倾向的影响作用越大;式(1)、(2)、(3)用以检验假设H2,即负性情绪在责任分散合理化与舞弊行为倾向之间具有中介作用;式(4)用以检验假设H3,即不同舞弊倾向主体之间,责任分散合理化对舞弊倾向的影响作用存在显著性差异。

$$FT-D_i = \alpha_0 + \alpha_1 Rat_i + \sum \alpha Control + \varepsilon_i \quad (1)$$

$$NA-D_i = \beta_0 + \beta_1 Rat_i + \sum \beta Control + \varepsilon_i \quad (2)$$

$$FT-D_i = \gamma_0 + \gamma_1 Rat_i + \gamma_2 NA-D_i + \sum \gamma Control + \varepsilon_i \quad (3)$$

$$FT-D_i = \delta_0 + \delta_1 Rat_i + \delta_2 Fraud\_A_{0_i} + \delta_3 Rat \times Fraud\_A_{0_i} + \sum \delta Control + \varepsilon_i \quad (4)$$

$$FT - D_i = (Fraud\_A_1)_i - (Fraud\_A_0)_i \tag{5}$$

$$NA - D_i = \left[\sum_{K=1}^{3}(Neg\_B_1)_k\right]_i - \left[\sum_{K=1}^{3}(Neg\_B_0)_k\right]_i \tag{6}$$

其中，i 代表不同的受试主体，$k1 \sim k3$ 代表情绪量表的三道题项，为明确区分责任分散合理化对负性情绪和舞弊行为倾向的影响，避免内生性，本文采用差值法度量，其中 $FT - D$ 代表舞弊倾向增量，根据式（5）计算所得，$NA - D$ 代表负性情绪增量，根据式（6）计算所得；$Control$ 代表控制变量，除了性别、年龄、学历等常用控制变量外，有无宗教信仰对个体的舞弊行为倾向同样产生显著影响（陈艳、孔晨和于洪鉴，2014；孔晨和陈艳，2016）。另外，由于在校学生与实务人员的差异性，实务人员的检验模型较在校学生增加一个岗位职级的控制变量。综上所述，本文拟将上述变量作为控制变量，具体变量名称及定义如表3所示。

表3   变量定义

变量		预期符号	符号	定义
被解释变量	舞弊倾向增量		$FT - D$	舞弊倾向变动差值（式5）
解释变量	责任分散合理化	+	Rat	责任分散题项测量值
	不同舞弊倾向主体	−	$Fraud\_A_0$	舞弊情境下初始舞弊倾向 A_0 值
中介变量	负性情绪增量	−	$NA - D$	情绪量表求和后作差（式6）
控制变量	性别	?	Gen	女性取1，男性取0
	年龄	?	Age	—
	教育水平	?	Edu	大专及以下取0，本科取1，硕士及以上取2
	宗教信仰	?	PF	有宗教信仰取1 无宗教信仰取0
	岗位职级	?	Lev	一般实务人员，基层、中层、高层管理者分别取0，1，2，3

（三）实验过程及样本描述

为了保证实验研究质量，本研究在正式施测之前，通过1对1、小范围实验及实验课堂的方式向共计47位财务会计学专业的博士生、硕士生和本科生进行了预测试，并针对受试感受、题量合理性及语言编排等方面进行了测后咨询，修正了部分题项的说明及测量顺序，最终形成包含三个环节的实验题项。本文将实验题项设计为线上测试，通过MYSQL开源数据库与超文本预处理器（PHP）技术实现移动端开发。本文数据包含实务人员与在校学生两部分，受试对象主要包括会计学高年级本科生、在校会计硕士、审计硕士；国内大中型企业、上市公司总经理、财务总监、财务经理、一般财务人员；银行金融机构行长、副行长、资金经理、风险经理、柜台人员；行政事业单位局长、副局长、财务部部长、财务科长、财务科员；高校校长、财务处处长、财务专业高校教授等，涉及行业主要覆盖会计、金融、教育、房地产、制造业、行政服务等领域，正式施测过程从 2017 年 9 月 3 日开始至 10 月 21 日完成。

针对在校学生，研究先后对东北财经大学、大连理工大学、大连民族大学、大连职业技术学院等 10 家高校①实施测试。全部受试对象共 629 人，剔除在实验后测环节出现填答错误、在社会赞许性控制中选择"从未有过"选项过半数以及填答不完整的实验数据，最终有效的实验样本量共计 365 份，有效率为 58%。针对实务工作人员，研究主要通过网上预约、线上测试的方式进行实验，对实验数据的筛选过程同上。全部受试对象共 640 人，最终有效的样本量共计 348 份，有效率为 54%。

上述有效样本基本信息的描述性统计如表 4 所示。

表 4　　　　　　　　有效样本基本信息的描述性统计结果

基本信息		学生	实务工作人员
性别	男	23.8%（87）	32.2%（112）
	女	76.2%（278）	67.8%（236）
年龄	16～19 岁	18.4%（67）	0.3%（1）
	20～29 岁	80.8%（295）	36.2%（126）
	30～39 岁	0.8%（3）	35.1%（122）
	40～49 岁	—	20.1%（70）
	50～59 岁	—	8.3%（29）
教育水平	大专及以下	12.9%（47）	11.2%（39）
	本科	53.7%（196）	53.7%（187）
	硕士及以上	33.4%（122）	35.1%（122）
宗教信仰	有	6%（22）	11.8%（41）
	无	94%（343）	88.2%（307）
岗位职级	一般人员/基层管理者	—	68.7%（239）
	中/高层管理者	—	31.3%（109）
样本量合计		100%（365）	100%（348）

说明：% 为样本频率；括号内数字为样本频数。

---

① 10 家高校分别为东北财经大学、大连海事大学、大连理工大学、大连交通大学、大连工业大学、大连民族大学、大连大学、辽宁师范大学、大连海洋大学、大连职业技术学院。

(四) 问卷信度和效度检验

由于本文采用量表来测度行为人的舞弊负性情绪,为保证测量项目选取合理、测度结果可靠,本文对问卷结果的信度分析采用 Cronbach's alpha 系数来测度问卷设计的内部一致性,对问卷设计的有效性采用探索性因子分析,通过 KMO 统计量来测度指标设计的结构效度。测量项目载荷系数如表 5 所示,结果表明,3 个题项的载荷系数均大于 0.9,说明测度项目选取合理,信度和效度检验结果如表 6 所示,结果表明,alpha 系数值均大于 0.9,KMO 值均大于 0.75,说明测量结果的信效度较高。

表 5　　　　　　　　　　测量项目载荷系数

因子	测量项目	Neg_B_0		Neg_B_1	
		学生	实务人员	学生	实务人员
负性情绪	心理会感觉很不舒服	0.943	0.959	0.949	0.958
	内疚感受很强烈	0.954	0.967	0.938	0.966
	对自己的行为感到良心不安	0.936	0.955	0.949	0.934

表 6　　　　　　　　　　信效度检验结果

样本类型	统计项	Neg_B_0	Neg_B_1
学生	Cronbach's alpha	0.939	0.940
	KMO	0.765***	0.769***
实务人员	Cronbach's alpha	0.958	0.949
	KMO	0.775***	0.755***

说明:***、**、*分别代表在 1%、5%、10% 的水平上显著。

四、实验结果与假设检验

(一) 描述性统计分析

各变量均值、标准差和相关系数如表 7、表 8 所示。相关性分析结果表明,不论是学生样本还是实务人员样本,责任分散合理化均与舞弊倾向增量显著正相关(学生:$r=0.21$,$p<0.01$;实务人员:$r=0.31$,$p<0.01$),与负性情绪增量显著负相关(学生:$r=-0.11$,$p<0.05$;实务人员:$r=-0.41$,$p<0.01$),负性情绪增量均与舞弊倾向增量显著负相关(学生:$r=-0.32$,$p<0.01$;实务人员:$r=-0.38$,$p<0.01$)。上述结果为本文的研究假设提供了初步的验证。

表7　　　　　　　　　　　学生样本变量均值、标准差和相关系数

变量	M	S.D.	FT-D	Rat	Fraud_A_0	NA-D	Gen	Age	Edu
FT-D	0.28	1.5							
Rat	3.64	1.72	0.21***						
Fraud_A_0	3.57	1.89	-0.42***	0.61***					
NA-D	-1.29	2.64	-0.32***	-0.11**	0.14***				
Gen	0.76	0.43	-0.04	-0.18***	-0.14**	0.03			
Age	21.40	2.18	0.04	0.05	0.03	0.17	-0.04		
Edu	1.21	0.65	0.10*	0.18***	0.18***	-0.03	-0.03	0.45***	
PF	0.06	0.24	0.01	-0.03	-0.11**	-0.08*	-0.05	0.05	-0.06

说明：***、**、*分别代表在1%、5%、10%的水平上显著（双尾），下同。

表8　　　　　　　　　　实务人员样本变量均值、标准差和相关系数

变量	M	S.D.	FT-D	Rat	Fraud_A_0	NA-D	Gen	Age	Edu	PF
FT-D	0.44	1.79								
Rat	3.47	1.98	0.31***							
Fraud_A_0	3.25	2.01	-0.45***	0.57***						
NA-D	-1.62	2.98	-0.38***	-0.41***	-0.06					
Gen	0.68	0.47	0.001	0.04	-0.01	-0.03				
Age	34.68	9.13	-0.01	-0.03	-0.01	0.10*	-0.08			
Edu	1.24	0.64	0.02	0.13**	0.04	-0.05	-0.04	-0.21***		
PF	0.12	0.32	0.05	0.05	-0.02	-0.04	0.06	0.17***	-0.07	
Lev	0.92	1.11	-0.00	-0.07	-0.02	0.10*	-0.17***	0.62***	-0.07	0.13**

（二）假设检验

1. 责任分散合理化与舞弊行为倾向。本文采用式（1）检验假设H1，即考察责任分散合理化对舞弊行为倾向的影响作用。为了避免内生性的影响，本文以责任分散情境所引起的行为主体舞弊倾向性的增量变动作为被解释变量，以行为主体对责任分散情境的认可程度（即责任分散合理化程度）作为解释变量进行回归估计，并通过VIF和White检验发现模型均不受多重共线性的影响，学生样本（P=0.11）不受异方差的影响，但实务人员样本（P=0.006）存在异方差性，因此，使用异方差稳健的标准误进行回归估计，回归结果如表9所示。

M1和M4报告的分别是学生样本和实务人员样本的回归结果。对于两个样本群

体,行为主体的责任分散合理化程度均与舞弊倾向的增量变动显著正相关($p<0.01$),表明行为主体的合理化程度越高,其对舞弊倾向的影响程度越大,因此,假设 H1 得到检验。从控制变量来看,性别、年龄、教育水平、宗教信仰和岗位职级等伦理决策的影响因素均与舞弊倾向增量变动无关,这与 Jeffrey 和 Weatherholt(1996)、谭艳艳和汤湘希(2012)的研究结论是一致的。

2. 负性情绪的中介作用。为检验假设 H2,即负性情绪在责任分散合理化与舞弊行为倾向之间具有中介作用。本文采用温忠麟和叶宝娟(2014)推荐的新中介效应检验五步法:第一步,检验式(1)系数 α_1 的显著性;第二步,依次检验式(2)系数 β_1 和式(3)系数 γ_2 的显著性,若均显著,转到第四步,否则进行第三步;第三步,用 Bootstrop 法直接检验系数 β_1 和 γ_2 乘积显著性(即检验 $H_0:\beta_1\gamma_2=0$);第四步,检验式(3)系数 γ_1 显著性,若不显著为完全中介效应,若显著进行第五步;第五步,比较 $\beta_1\gamma_2$ 与 γ_1 的符号,若同号为部分中介效应,否则为遮掩效应。

根据上述检验流程,中介效应的模型检验结果如表 9 所示,其中 M1、M2、M3 为学生组,M4、M5、M6 为实务人员组。从检验结果来看,合理化程度与舞弊倾向的增量变动显著正相关(学生:$\alpha_1=0.187$,$p<0.01$;实务人员:$\alpha_1=0.286$,$p<0.01$);合理化程度与负性情绪的增量变动显著负相关(学生:$\beta_1=-0.158$,$p<0.05$;实务人员:$\beta_1=-0.622$,$p<0.01$);负性情绪的增量变动与舞弊倾向的增量变动显著负相关(学生:$\gamma_2=-0.183$,$p<0.01$;实务人员:$\gamma_2=-0.180$,$p<0.01$)。因此,在控制了中介变量的影响后,合理化程度与舞弊倾向的增量变动仍然存在显著的直接效应(学生:$\gamma_1=0.158$,$p<0.01$;实务人员:$\gamma_1=0.174$,$p<0.01$),同时,$\beta_1\gamma_2$ 与 γ_1 的符号均为同号正值,表明负性情绪部分中介了责任分散合理化对舞弊倾向影响,因此,假设 H2 得到检验。

表 9　　模型回归结果

变量	M1	M2	M3	M4	M5	M6
	学生样本			实务人员样本		
被解释变量	$FT-D$	$NA-D$	$FT-D$	$FT-D$	$NA-D$	$FT-D$
Rat	0.187***	-0.158**	0.158***	0.286***	-0.622***	0.174***
	(3.86)	(-2.16)	(3.41)	(5.86)	(-7.78)	(3.34)
$NA-D$			-0.183***			-0.180***
			(-6.11)			(-5.03)
Gen	0.030	0.040	0.038	-0.037	-0.033	-0.043
	(0.16)	(0.13)	(0.20)	(-0.18)	(-0.10)	(-0.22)

续表

变量	M1	M2	M3	M4	M5	M6
	学生样本			实务人员样本		
被解释变量	$FT-D$	$NA-D$	$FT-D$	$FT-D$	$NA-D$	$FT-D$
Age	-0.005 (-0.11)	0.211*** (3.10)	0.034 (0.84)	-0.005 (-0.46)	0.029 (1.55)	-0.0002 (-0.02)
Edu	0.176 (1.24)	-0.437* (-1.94)	0.096 (0.71)	-0.074 (-0.49)	0.120 (0.47)	-0.050 (-0.36)
PF	0.105 (0.30)	-0.892 (-1.62)	-0.058 (-0.17)	0.158 (0.42)	-0.339 (-0.61)	0.097 (0.29)
Lev				0.052 (0.50)	0.056 (0.34)	0.062 (0.61)
截距项	-0.543 (-0.62)	-4.671*** (-3.03)	-1.397* (-1.65)	-0.312 (-0.60)	-0.600 (-0.74)	-0.420 (-0.83)
R^2	5.15%	4.19%	14.13%	9.96%	18.25%	17.30%
Adj R^2	3.82%	—	12.69%	—	—	—
F值	3.89***	4.31***	9.79***	6.42***	10.95***	9.11***
样本量	365	365	365	348	348	348

说明：括号内估计系数为 t 统计量。多重共线性的检验结果表明，模型 M1～M6 的方差膨胀因子分别在 1.01～1.30、1.01～1.30、1.02～1.31、1.03～1.73、1.03～1.73、1.04～1.74 之间，说明回归结果不受多重共线性的影响。White 检验表明，模型 M1～M6 分别在 P1=0.11、P2=0.07、P3=0.16、P4=0.006、P5=0.004、P6=0.03 水平上存在异方差性，因此，对于 M2、M4、M5、M6 使用异方差稳健标准误法来进行回归估计。

3. 责任分散合理化在不同舞弊倾向主体间的差异性作用。（1）单变量检验。为初步验证假设 H3，本文首先根据行为人在舞弊情境下的初始舞弊倾向 $Fraud\_A_0$ 进行分类，并通过单变量的检验方法，检验对于不同舞弊倾向主体而言，责任分散合理化对其舞弊倾向变动的影响程度是否存在显著性差异。由于分类后的样本量难以满足正态分布的假定条件，因此差异程度的显著性检验采用 Wilcoxon 秩和检验。需要说明的是，由于量表度量的局限性，为了使假设检验样本符合理论前提，本部分剔除了舞弊倾向性无法继续增加的部分样本，也即初始舞弊倾向 $Fraud\_A_0$ 为 7 的样本，其中学生样本剔除 27 份，实务人员样本剔除 31 份。另外，该局限性还导致检验结果存在着一种可能的替代性解释，即随着 $Fraud\_A_0$ 的增加，由于剩余可变区间的幅度减少，才导致其舞弊倾向均值变动的幅度逐渐下降。为了尽可能地削弱和排除这一替代性解释的影响，本文对平均变动区间和剩余可变区间对比后发现，剩余可变区间大约为平均变动区间的 6~15 倍（学生）/5~18 倍（实务人员），说明平均变动区间对剩余可变区间占比仍然较小，并且这一倍数值一般会随着 $Fraud\_A_0$ 的增加而增大，因此，上述结果表明剩余可变区间对于舞弊倾向变动的影响程度不大，基本可以排除替代性解释的影响。综上所述，单变量检验结果如表 10 所示。

表 10　　　　　　　　不同舞弊倾向主体下舞弊倾向变动的差异性检验

样本类型	$Fraud\_A_0$	样本量	舞弊倾向均值变动	标准差	Wilcoxon 渐近显著性	剩余可变区间	可变区间倍数
学生样本	1	79	1.038***	1.41	0.000	6	5.78
	2	41	0.707***	1.05	0.000	5	7.07
	3	50	0.500**	1.37	0.023	4	8.00
	4	71	0.197	1.28	0.141	3	15.23
	5	61	0.131	1.25	0.112	2	15.27
	6	36	-0.528**	1.42	0.048	1	-1.89
实务人员样本	1	110	1.300***	1.76	0.000	6	4.62
	2	30	0.700**	1.60	0.019	5	7.14
	3	45	0.578***	1.34	0.007	4	6.92
	4	60	0.300**	1.21	0.042	3	10.00
	5	45	0.111	1.23	0.462	2	18.02
	6	27	-0.741**	1.56	0.027	1	-1.35

说明：舞弊倾向均值变动 = Average（$Fraud-A_1$）- Average（$Fraud\_A_0$）；剩余可变区间 = 7 - A_0；可变区间倍数 = 剩余可变区间/舞弊倾向均值变动；***、**、* 分别代表在 1%、5%、10% 的水平上显著（双尾）。

从学生样本的检验结果来看，随着 $Fraud\_A_0$ 的增加，舞弊倾向均值的变动幅度由 1.038 逐渐下降至 -0.528，并且当 $Fraud\_A_0$ 达到 4、5 时，舞弊倾向均值变动的差异性已经不再显著，而且随后会出现一定程度的负向变动。从实务人员样本来看，其检验结果也基本持同，随着 $Fraud\_A_0$ 的增加，舞弊倾向均值的变动幅度由 1.300 逐渐下降至 -0.741，当 $Fraud\_A_0$ 达到 5 时，舞弊倾向均值变动的差异性不再显著，而当 $Fraud\_A_0$ 为 6 时，会出现一定程度的负向变动。上述结果为本文的假设 H3 提供了初步的检验证据。

（2）回归分析。为进一步对假设 H3 进行验证，本文构建了前述模型式（4），即在控制住人口特征等统计变量后,分别置入责任分散合理化、不同舞弊倾向主体以及两者之间的交乘项。为避免出现多重共线性,本文借鉴了 Aiken 和 West(1991)的方法,对自变量分别去中心化后再计算交乘项。经过对模型中多重共线性和异方差问题的检验和处理后,模型回归结果如表11所示,其中,M7 为学生样本检验结果,M8 为实务人员样本检验结果,为进一步增强检验结果稳健性,本文将前述样本合并并剔除岗位职级的控制变量后回归如 M9 所示。

表 11　　　　　　　　　　　模型回归结果

变量	M7 学生样本	M8 实务人员样本	M9 合并样本
被解释变量	$FT-D$	$FT-D$	$FT-D$
Rat	0.629***	0.736***	0.687***
	(11.17)	(19.82)	(18.93)
$Fraud\_A_0$	-0.699***	-0.818***	-0.755***
	(-14.54)	(-20.85)	(-21.32)
$Rat \times Fraud\_A_0$	-0.055**	-0.051***	-0.057***
	(-2.23)	(-2.73)	(-3.82)
Gen	-0.103	-0.109	-0.097
	(-0.63)	(-0.91)	(-0.96)
Age	-0.017	-0.006	0.003
	(-0.70)	(-0.76)	(0.65)
Edu	0.204***	-0.179**	0.020
	(2.80)	(-2.02)	(0.34)
PF	-0.468	-0.224	-0.326*
	(-1.56)	(-1.23)	(-1.93)
Lev		0.073	
		(1.11)	
截距项	0.846	1.116***	0.623***
	(1.49)	(3.38)	(3.21)
R^2	48.93%	64.81%	56.99%
Adj R^2	–	63.90%	–
F 值	40.61***	70.68***	75.20***
样本量	338	317	655

说明:括号内估计系数为 t 统计量。多重共线性的检验结果表明,模型 M7~M9 的方差膨胀因子分别在 1.11~1.79、1.02~1.80、1.02~1.69 之间,说明回归结果不受多重共线性的影响。White 检验表明,模型 M7~M9 分别在 P7=0.00、P8=0.13、P9=0.00 水平上存在异方差性,因此,对于 M7、M9 使用异方差稳健标准误法来进行回归估计。

表 11 显示，不论对于学生样本、实务人员样本抑或合并后的样本模型，其检验结果是趋于一致的，在不同舞弊倾向主体之间，责任分散合理化对舞弊倾向的影响作用存在显著性差异（学生：$\delta_3 = -0.055$，$p<0.05$；实务人员：$\delta_3 = -0.051$，$p<0.01$；合并样本：$\delta_3 = -0.057$，$p<0.01$），即随着舞弊倾向性的增强，责任分散合理化的影响作用逐渐降低。因此，假设 H3 得到验证。

（三）进一步分析：不同群体下影响效应的组间差异检验

1. 合理化影响效应的组间差异。为进一步分析在不同样本群体（学生样本和实务人员样本）下，责任分散合理化对舞弊行为倾向（假设 H1）以及在舞弊倾向调节（假设 H3）下的影响效应是否存在显著性差异。本文在前述回归的基础上，采用 Suest 法对以上两组系数进行组间系数的差异性检验（如表 12 所示），得到假设 H1 的 Chi^2 值为 1.73，组间差异的显著性 $P=0.188$，假设 H3 的 Chi^2 值为 0.02，组间差异的显著性 $P=0.886$，这说明在不同的样本群体下，责任分散合理化对舞弊行为倾向以及在舞弊倾向调节下的影响效应均不存在显著性差异。

表 12　　　　　　　　　合理化影响效应的组间差异检验

假设	样本分类	样本数	RC	T 值	P 值	Chi^2	组间差异显著性
H1	学生（M1）	365	0.187	3.86	0.000***	1.73	0.188
	实务人员（M4）	348	0.286	5.86	0.000***		
H3	学生（M7）	338	-0.055	-2.23	0.027**	0.02	0.886
	实务人员（M8）	317	-0.051	-2.73	0.007***		

说明：RC（Regression Coefficient）为回归系数；***、**、*分别代表在 1%、5%、10% 的水平上显著（双尾），下文同。

2. 中介效应的组间差异。为检验在不同样本群体下，负性情绪的中介作用（假设 H2）是否存在显著性差异。本文建构了负性情绪中介效应的结构方程，并进行不同样本的群组比较，相关计量过程通过 Amos24.0 实现。相关结果如表 13 所示，检验结果得到 Z 值为 -2.446，组间差异的显著性 $P=0.014$，在 5% 的水平上显著。其中，学生样本的中介效应量为 15.3%，实务人员样本的中介效应量为 39.4%，这说明与学生群体相比，实务人员的负性情绪在责任分散合理化与舞弊行为倾向的中介作用更为显著。

进一步，为考察中介效应显著差异的原因，本文依次限定 $Rat \rightarrow NA-D$ 和 $NA-D \rightarrow FT-D$ 两条路径的路径系数相等。结果发现，$Rat \rightarrow NA-D$ 路径的检验结果在 1% 的水平上显著拒绝原假设，说明实务人员群体的责任分散合理化对负性情绪的影响效应显著大于学生群体（学生：$RC = -0.166$，实务人员：$RC = -0.623$；$P=0.000$）；NA

表 13　　　　　　　　　　　　中介效应的组间差异检验

样本分类	样本数	IERC	IESE	中介效应显著性	中介效应量	中介效应组间差异	组间差异显著性
学生	365	0.030	0.016	0.019**	15.3%	Z = −2.446	0.014**
实务人员	348	0.111	0.029	<0.001***	39.4%		

说明：IERC（Indirect Effects Regression Coefficient）为中介效应回归系数，IESE（Indirect Effects Standard Errors）为中介效应标准误。

−D→FT−D 路径的检验结果没有显著拒绝原假设，说明在不同群体下，负性情绪对舞弊行为倾向的影响效应不存在显著性差异（学生：RC = −0.180，实务人员：RC = −0.178；P = 0.958）。本文认为，产生上述差异的原因来自于社会阅历对行为人合理化"能力"的强化，有过丰富执业经验的"社会人"更有能力通过合理化借口来实现自我安慰，从而降低实施舞弊行为后所产生的负性情绪。

表 14　　　　　　　　　　　　中介效应路径的组间差异检验

中介路径	样本分类	样本数	RC	SE	P 值	CMIN	组间差异显著性
Rat→NA−D	学生	365	−0.166	0.080	0.038**	17.46	0.000***
	实务人员	348	−0.623	0.074	<0.001***		
NA−D→FT−D	学生	365	−0.180	0.029	<0.001***	0.003	0.958
	实务人员	348	−0.178	0.032	<0.001***		

说明：RC（Regression Coefficient）为回归系数，SE（Standard Errors）为标准误。

五、研究结论与启示

在我国，目前有关舞弊行为合理化的理论和实证研究尚几乎处于空白和盲区，本文根据 Bandura（1986）的道德推脱理论，选取责任分散这一普遍且具有代表性的视角，运用情景模拟的实验研究方法来考察责任分散合理化、负性情绪与舞弊行为倾向三者间的相互作用关系。根据相关的统计检验结果，本文的主要研究结论与启示如下：

第一，行为主体的合理化程度对其舞弊行为倾向具有显著影响，并且其作用路径是通过削弱行为人的舞弊负性情绪，降低行为人的自我控制能力，进而影响其舞弊行为的倾向性。这意味着在未来，构建以自我控制视角为基础的舞弊行为控制策略是可能和可行的，强化行为主体的自控能力本质上也是对企业内部控制的一种补充。其主要研究框架可以概括为"一个中心，两条路径"。"一个中心"是指区别于传统以处罚为主导的强制监管手段，鉴于道德情感与道德行为的高依存关系（Hadit, 2008；吴粒和于延琦，2013），相关控制策略应该建立在以情绪干预为原则的基础上。"两条路径"是指未来展开研究方向的两条路径，其一是寻找导致行为主体自我调节机制失效的相关因素，例如由外部环境所引起的失效因素，诸如责任转移、责任分散、有利比较等，由行为因素所引起的失效因素，诸如道德辩护，补偿行为[①]等以及属于行为人本能的心理防御机制，诸如忽视或扭曲结果等；其二，针对发现的失效因素设计相应的情绪干预策略，例如在教育层面上，财会领域的伦理道德教育应向从业人员灌输基本的合理化观念，通过引导式的方法让其主动思考自己常常使用的合理化借口，同时教育者应给予相应的反馈机制，让行为人知悉相关说法只不过是一种合理化不道德行为的托词，从而形成一种"警惕式"的文化氛围，使得行为主体对待常见合理化机制具有自发的排斥性，从而抑制合理化的影响作用（Murphy，2012）。再者，在企业文化或社会文化层面上，由于自我控制机制更为依赖于上层建筑对于文化和环境的建设（Reinstein 和Tayor，2015），因此，形成社会化并得到广泛认可的文化软约束是限制自我合理化，实现自我监管的有效方式，这种文化约束可以是正式制度也可以是非正式习俗、社会预期等[②]。

第二，对于不同的行为主体而言，责任分散合理化的影响作用会随着舞弊行为倾向的增强而被减弱，这与 Desai、Trompeter 和 Wright（2010）的研究结论在本质上是一致的。上述结论说明，责任分散合理化对舞弊行为决策的影响存在两种不同的作用方式。其一是被动接受式，当个体处于或自认为其处于舞弊行为频发的环境氛围时，即便原本对舞弊行为的排斥感十分强烈，也容易渐渐受到他人行为的影响，尤其当其他个体通过舞弊行为获得收益且没有受到相应的惩罚时，自我对于舞弊行为的心理防线会被逐渐"瓦解"。环境的适应性与利益的动机性使得个体对舞弊行为的接受程度逐渐提高，实施舞弊行为的倾向性显著增强，导致个体对舞弊行为的自我调节机制失效。其二是主动搜寻式，在该范式下，责任分散合理化对个体的舞弊行为决策不再起决定性作用，而是以信息工具的角色在后续认知加工过程中起到辅助性作用。这说明，在某种程度上合理化的认知倾向具有较强的弹性和可塑性，在动机推理的状态下，显著依赖于行为人的舞弊压力和机会。该结论强调了未来有关舞弊行为的治理研究应继续对压力和机会的监管视角保持高度关注。

无论如何，上述结论对于进一步理解合理化、情绪与会计舞弊之间的相关关系提

---

① 补偿行为在心理学领域是一种常见的、用于降低自我愧疚感的有效方式，同时，在会计舞弊研究领域，补偿行为也同样适用，例如，许多高层管理者会将职务舞弊收益通过部分对外捐赠或建立慈善基金会的方式来降低自我的舞弊愧疚感。

② Reinstein 和 Tayor（2015）文中列举了部分示例，例如，保持审计人员的独立性是一种正式制度约束，而宗教文化氛围往往是一种非正式习俗，而且在某些情境下，非正式习俗的约束效果甚至优于正式制度。

供了值得借鉴的思路和方法,是舞弊行为合理化研究领域的首次尝试,为会计舞弊行为的治理问题提供了新的研究视角。

主要参考文献

陈艳,孔晨,于洪鉴. 2014. 行为人的舞弊心理及舞弊倾向的实证研究. 财经问题研究,9:92—99。

高晓文,于伟. 2016. 教师行动中的"责任分散"问题研究. 教育研究,2:57—62。

孔晨,陈艳. 2016. 风险偏好、过度自信与国有企业管理层职务舞弊倾向研究. 山西财经大学学报,38(2):77—87。

孔晨,于洪鉴,陈艳. 2015. 过度自信、预期后悔情绪与国有企业高管职务舞弊行为的实验研究. 中国海洋大学学报(社会科学版),6:46—53。

谭艳艳,汤湘希. 2012. 会计伦理决策影响因素研究——基于计划行为理论的检验. 会计研究,9:24—30。

温忠麟,叶宝娟. 2014. 中介效应分析:方法和模型发展. 心理科学进展,22(5):731—745。

吴粒,于延琦. 2013. 审计人员道德决策研究综述. 审计研究,6:61—67。

谢熹瑶,罗跃嘉. 2009. 道德判断中的情绪因素——从认知神经科学的角度进行探讨. 心理科学进展,17(6):1250—1256。

杨继平,王兴超,高玲. 2010. 道德推脱的概念、测量及相关变量. 心理科学进展,18(4):671—678。

杨中芳. 1996. 如何研究中国人. 桂冠图书股份有限公司。

张宏伟,李晔. 2014. 两种道德自我调节机制下的道德行为. 心理科学进展,22(7):1178—1187。

Aiken, L. S., & S. G. West. 1991. Multiple regression: Testing and interpreting interactions. *Journal of the Operational Research Society*, 45(1): 119 – 120.

Ajzen, I. 1991. The theory of planned behavior. *Organizational Behavior and Human Decision Process*, 55: 179 – 211.

Albrecht, W. S., G. W. Wernz, & T. L. Williams. 1995. *Fraud: Bringing Light to the Dark Side of Business.* Irwin Professional Pub, 14.

Aquino, K., I. A. Reed, S. Thau, & D. Freeman. 2007. A grotesque and dark beauty: How moral identity and mechanisms of moral disengagement influence cognitive and emotional reactions to war. *Journal of Experimental Social Psychology*, 43(3): 385 – 392.

Bandura, A. 1986. Social foundations of thoughts and actions: A social cognitive theory. *Journal of Applied Psychology*, 12(1): 169.

Bandura, A. 1990. Selective Activation and Disengagement of Moral Control. *Journal of Social Issues*,

46 (1): 27 - 46.

Bandura, A. 1999. A Moral disengagement in the perpetuation of inhumanities. *Personality and Social Psychology Review*, 3 (3): 193 - 209.

Brown, T. J. 2014. Advantageous comparison and rationalization of earnings management. *Journal of Accounting Research*, 52 (4): 849 - 876.

Cavanaugh, G. F., S. J. Fritzsche, & D. J. Fritzsche. 1985. Using vignettes in business ethics research. *Research in Corporate Social Performance and Policy*, 7: 279 - 293.

Cressey, D. R. 1953. Other people's money: A study in the social psychology of embezzlement. *International Review of Modern Sociology*, 19 (13): 159 - 166.

Crowe, E., & E. T. Higgins. 2007. Regulatory focus and strategic inclinations: Promotion and prevention in decision - making. *Organizational Behavior & Human Decision Processes*, 69 (2): 117 - 132.

Daniel, H., I. Ajzen, & D. John. 2001. Predicting hunting intentions and behavior: an application of the theory of planned behavior. *Leisure Sciences*, 23 (3): 165 - 178.

Desai, N., G. Trompeter, & A. Wright. 2010. How does rationalization and its interactions with pressure and opportunity affect the likelihood of earnings management? *Working paper.*

Festinger, L. 1957. A theory of cognitive dissonance. *American Journal of Psychology*, 207 (4): 2112 - 2114.

Fointiat, V. 1998. Rationalization in act and problematic behaviour justification. *European Journal of Social Psychology*, 28 (28): 471 - 474.

James, W. 1998. Differences in ethical beliefs, intentions, and behaviors: The role of beliefs and intentions in ethics research revisited. *Business & Society*, 37 (4): 447 - 467.

Haidt, J. 2008. Morality, *Perspectives on Psychological Science*, 3 (1): 65 - 72.

Haidt, J. 2009. *The Moral Emotions.* New York: Oxford University Press, 852 - 870.

Hogan, C. E., Z. Rezaee, R. A. R. Jr, & U. K. Velury. 2008. Financial statement fraud: Insights from the academic literature. *Auditing A Journal of Practice & Theory*, 27 (2): 231 - 252.

Jeanette, N., G. P. White, A. Lee, & A. Moneta. 2009. Design and validation of a novel new instrument for measuring the effect of moral intensity on accountants' propensity to manage earnings. *Journal of Business Ethics*, 84 (3): 367 - 387.

Jeffrey, C., N. Weatherholt. 1996. Ethical development, professional commitment, and rule observance attitudes: A study of CPAs and corporate accountants. *Behavioral Research in Accounting*, 3: 8 - 31.

Jones, E. 1908. Rationalisation in every - day life. *Journal of Abnormal Psychology*, 3: 161 - 169.

Kliemann, D., L. Young, J. Scholz & R. Saxe. 2008. The influence of prior record on moral judgment. *Neuropsychologia*, 46 (12): 49 - 57.

Kranacher, M. J., R. Riley, & Wells. 2010. *Forensic Accounting and Fraud Examination.* Hoboken:

Wiley, 408 – 445.

Kunda, Z. 1990. The case for motivated reasoning. *Psychological Bulletin*, 108 (3): 480 – 498.

Mayhew, B. W., & P. R. Murphy. 2014. The impact of authority on reporting behavior, rationalization and affect. *Contemporary Accounting Research*, 31 (2): 420 – 443.

Messick, D. M., & M. H. Bazerman. 1996. Ethical leadership and the psychology of decision making. *Research in Ethical Issues in Organizations*, 3 (2): 213 – 238.

Mujtaba, B. G. 1997. Business ethics survey of supermarket managers and employees. *UMI Dissertation Service (A Bell & Howell Company)*.

Murphy, P. R., & M. T. Dacin. 2011. Psychological pathways to fraud: Understanding and preventing fraud in organizations. *Journal of Business Ethics*, 101 (4): 601 – 618.

Murphy, P. R. 2012. Attitude, machiavellianism and the rationalization of misreporting. *Accounting Organizations & Society*, 37 (4): 242 – 259.

Plant, E. A., & P. G. Devine. 1998. Internal and external motivation to respond without prejudice. *Journal of Personality & Social Psychology*, 75 (3): 811 – 832.

Reinstein, A., & E. Z. Taylor. 2015. Fences as controls to reduce accountants' rationalization. *Journal of Business Ethics*, 1: 1 – 12.

Sloane, E. H. 1944. Rationalization. *Journal of Philosophy*, 41 (1): 12 – 21.

Stuart, A. N. 2005. Keeping secrets: How five CFOs cooked the books at healthsouth. *CFO Magazine for Senior*.

Sykes, G. M., & D. Matza. 1957. Techniques of neutralization: a theory of delinquency. *American Sociological Review*, 22 (6): 664 – 670.

Tangney, J. P. 1990. Assessing individual differences in proneness to shame and guilt: Development of the self – conscious affect and attribution inventory. *Journal of Personality & Social Psychology*, 59 (1): 102 – 111.

Tenbrunsel, A. E., & D. M. Messick. 2004. Ethical fading: The role of self – deception in unethical behavior. *Social Justice Research*, 17 (2): 223 – 236.

Wells, J. T. 2004. New approaches for fraud deterrence. *Journal of Accountancy*, 3: 72 – 76.

Welsh, D. T., L. D. Ordónez, D. G. Snyder, & M. S. Christian. 2015. The slippery slope: How small ethical transgressions pave the way for larger future transgressions. *Journal of Applied Psychology*, 100 (1): 14 – 27.

Rationalization of Diffusion of Responsibility, Negative Emotions and Fraudulent Tendency

Yan Chen, Yizao Chen, Hongjian Yu

Abstract: Using experimental research method of situational simulation, this paper investigates the interaction relationship among rationalization of diffusion of responsibilities, negative emotions and fraudulent tendencies The research results show that, the higher the rationalization of the decentralized responsibility of the perpetrator is, the greater its impact on the fraudulent tendencies tends to be; Also, the negative emotions play a part - intermediary role between the rationalization of diffusion of responsibilities and the propensity to fraud; Thirldy, among the individuals with different fraud tendencies, there is a significant difference on the impact of rationalization on the tendency of fraud, namely, the stronger the fraudulent tendencies of the subject is, the weaker the impact of rationalization tends to be. Also, the above conclusions are stable and significant both for school students and practical staff.

Keywords: Rationalization of diffusion of responsibility; Negative emotions; Fraudulent tendency; Moral disengagement

产权性质、大股东持股比例与债务异质性*

张志宏　仇　莹

【摘　要】 以信用债企业为样本，讨论了我国企业的债务异质性特征，并探究了大股东持股比例对企业债务异质性程度的影响。研究发现：我国信用债企业整体债务异质性程度高，但对银行借款的依赖程度较强，债券融资比率呈逐年上升趋势。由于大股东持股比例的增加有助于提高公司信息披露质量，从而拓宽了债务融资渠道，故大股东持股比例与债务异质性程度正相关。但民营企业的大股东更倾向于采用信息欺诈手段来侵占小股东利益，从而削弱了大股东激励效应对信息披露质量的正向影响，故民营企业弱化了大股东持股比例与债务异质性程度的正相关关系。

【关键词】 产权性质；大股东持股比例；债务异质性

一、引言

资本结构是公司财务管理的重要课题，信息不对称模型、逆向选择模型、有效清

收稿日期：2017-09-10
基金项目：国家社会科学基金项目（12BJY018）；广东省社会科学基金项目（GD15XYJ14）
作者简介：张志宏，男，博士，中南财经政法大学教授，博士生导师，zzhdata@126.com；仇莹，女，中南财经政法大学博士研究生，广东外语外贸大学讲师。
*作者感谢审稿人对本文的宝贵意见，但文责自负。

算模型都将企业全部负债看作是无差异的,认为企业会偏好某一种债务融资方式,着重讨论企业最优债务比例。但现实情况中,不同债务在资金来源、到期日、担保条件、资本的易得性、偿还的优先权、对现金流的影响、交易成本、对管理层的激励等方面都存在差异,因此呈现出异质性特征(Denis 和 Mihov,2003)。在美国,70%以上的公司会选择至少两种以上不同类型的债务工具进行融资(Rauh 和 Sufi,2010),我国上市公司中极少有企业完全依靠单一类型的债务进行融资(胡建雄和茅宁,2015)。此外,由于我国金融制度尚不完善,企业间信任度较低,造成了企业大量长期占用供应商货款的现象,故商业信用负债已经成为我国企业维持发展的一项重要资金来源,例如:茅台股份多年即不发行债券、又无银行借款,仅仅靠商业信用负债维持较高的发展速度。这一现象与债务同质性假设背道而驰。因此,债务同质性假设已经无法适应当前我国债务资本结构选择的现状(李心合等,2014)。Rauh(2010)发现,对企业的债务工具分别进行单独分析时,企业的特征与杠杆率之间的关系差异较大。由此可见,从企业债务异质性的角度来开展资本结构研究十分必要。根据债务的不同特征,债务异质性可分为债务来源异质性、债务期限异质性、债务偿还优先权异质性等,本文首先从债务来源异质性和债务期限异质性出发,以我国信用债企业为样本,探讨了企业的债务异质性特征。其次,研究表明公司治理和产权制度对企业财务决策影响较大,因此,本文进一步探讨了大股东持股比例与企业债务异质性的关系,以及企业产权性质对这种关系的调节作用。

二、理论分析和研究假说

(一)债务异质性理论分析

虽然很多传统理论模型都不支持企业使用混合的债务工具进行融资,但近些年来的一些理论和实证研究都表明公司的债务选择是多元化的。债务异质性这一观点,是由 Barclay 和 Smith(1995)提出的,他们认为公司的债务类型差异很大,债务某种程度上来说是异质的。在此之前,Besanko 和 Kanatas(1993)就提出了"竞争均衡"模型,该模型认为通过银行和公开债券市场融资是同时存在的,银行通过对企业的监督来帮助企业提高经营业绩,从而提高企业的声誉。故获得银行借款的企业向市场表明了一个明确的信号,企业有能力支付债务,因此这些企业也很容易从公开债券市场上获得融资。Repullo 和 Suarez(2000)也提出一个模型来解释为什么企业不只从银行借款或者只通过债券融资来借款,而是采取混合的方式借款。Bolton 和 Freixas(2000)也提出了一个公司的融资模型,该模型在考虑信息不对称、忽略税收的情况下,将企业各种债务(例如:公司债券、银行借款、存货抵押借款等)放到债务融资结构中,并试图找到各种债务的最佳平衡点。Demarzo 和 Fishman(2007)认为公司债务结构具有异质性，将公司债、银行借款等各种债务融资工具结合在一起，提出并建立了一个关于长期融资的最优模型。

在实证研究方面，Johnson（1997）通过分析那些在美国债券市场上公开进行融资企业的债务结构发现，这些企业除了在公开债券市场融资，也在持续不断地从银行借钱，这说明，那些已经从公开债券市场上获得融资的企业依然能够从银行借款中获得好处。Rauh（2010）开创了一种新的债务结构研究方法，确定了7种债务类型，并在此基础上调查了305家美国上市公司从1996年到2006年的债务结构，其研究结果表明，公司（其中包括那些信用级别比较低的公司）会使用超过两种以上的债务来进行融资，这一结论证实了公司债务存在异质性。与此同时，他也发现那些信用质量较差的企业，会同时使用多种债务工具。Colla等（2012）也做了相似的研究，他通过对美国3332家公司进行调研，建立了5个债务种类，发现了大企业具有显著的债务异质性特征。

上述一系列的理论和实证研究完善了债务异质性假说，许多研究者都一致认同从资金来源、到期日、担保条件、债务资本的易得性、偿还的优先权、对现金流的影响、交易成本、对管理层的激励作用等方面来看，不同的债务呈现出异质特征（Johnson，1997；Denis，2003；Rauh，2010；Colla等，2012）。这一假说挑战了传统资本结构理论中一种债务融资方式会优于另一种的观点。事实上，多元化的融资方式也可以削弱债权人的监督能力，减弱股东和债权人之间的利益冲突。债务异质性主要表现为债务异质性程度和异质性债务工具。债务异质性程度主要指企业债务的整体多元化程度，企业的债务多元化程度越高，债务异质性程度越大。而异质性债务工具是按照债务某种特性对债务进行分类。依据债务来源异质性，可将债务分为商业信用负债、银行借款、债券融资和融资租赁等。依据债务期限异质性，可将债务分为短期债务和长期债务；依据债务偿还优先权异质性，可将债务分为优先级债务和次级债务（或抵押债务和非抵押债务）等。债务异质性特征改变了企业债务与企业其他要素的关系。例如，若将债务作为一个单一特征的整体，债务与企业的利润率负相关。若单独研究银行借款，其与企业利润率正相关（Colla等，2012）。

过去十年我国金融市场发展迅速，可供选择的债务融资工具越来越多，李心合等（2014）认为针对商业信用负债与金融性负债的异质性假说更符合中国国情。胡建雄和茅宁（2015）以2008~2013年我国沪深A股上市公司作为样本考察了我国上市公司的债务特征，发现中国上市公司中很少有企业完全依靠单一类型的债务进行融资，大部分企业的债务构成具有多样化特征。自2008年，我国债券市场日渐活跃，债券融资门槛较高、监管较为严格，故能在信用债市场上发行债券的企业的经营业绩一般比较稳定，信用质量较高，信息不对称问题较小，盈利能力强，这都有助于其获得各类债权人的青睐，故其债务融资多元化的特征更为突出。此外，我国政府对信贷干预较多，能获得银行贷款的,要么就是实力雄厚的国有企业,要么就是受到地方政府支持的民营企业、能够获得银行贷款的企业在借贷市场上具备融资优势。这样的优势可以帮助它们从公开债券市场上融资,且2015年前我国债券融资存在着"刚性兑付"的特点,违约风险很低,因此那些能够获得银行贷款的企业同样也能够获得较多的债券融资。

(二)产权性质、大股东持股比例与债务异质性理论分析及研究假说

关于债务工具选择的影响因素研究是目前国内外债务异质性研究的热点。从宏观上来看,企业的债务异质性程度取决于其所在地区的金融市场发展程度,一般而言,在金融市场不发达地区,企业债务融资途径较为单一,债务主要来源于银行,企业债务异质性程度较低(Boot 和 Thakor, 1997)。与美国相比,我国金融市场虽然仍处在发展状态,但随着近些年来各种债务融资市场蓬勃发展,企业债务多元化程度也越来越高(胡建雄和茅宁,2015),在这样的大环境下,企业的个体特征决定了企业债务异质性程度,这也是本文讨论的重点。

就企业个体特征对债务异质性的影响而言,Cantillo 和 Wright(2000)认为现金流稳定、盈利性强、规模大、有形化资产比例较大的企业向市场传递了企业财务状况良好的信息,更容易通过债券市场获得直接融资,因此企业债务异质性程度越大。此外,Cantillo(2000)还认为公司的信用评级信息与公司的债务类型的选择有直接的相关性,即信用评级越高,代表企业经营状况越好,从而拥有的融资机会就会越多,债务的异质性程度越大。Colla 等(2012)认为信用记录较差的公司,其债务呈现出向某一类债务特殊化和集中化的倾向,具有同质性的特征。由此可以推断,那些财务状况好、信用评级高的公司,其信息不对称程度普遍较低,这使得公司容易找到潜在投资者,因而债务的异质性程度会增加(Rauh, 2010)。国内外研究表明,大股东持股会影响企业的信息披露质量。大股东持股会对公司治理产生两种作用,即"激励效应"和"壕沟效应",这两种效应会对信息披露质量产生截然不同的影响。在激励效应下,为了获取更多的利益,随着持股比例的增加,大股东会更加关注企业的财务决策、积极有效的监督管理者,有动机提高信息披露质量。在壕沟效应下,大股东利己天性会导致其在追求自身利益最大化的过程中侵害小股东的利益,并伴随着欺诈和违规信息披露等行为,随着其持股比例的增加,信息欺诈问题越来越严重,从而导致企业信息披露质量下降。这两种截然相反的影响最终会产生何种结果,还取决于企业所在的国家和地区的制度环境,从而对公司信息披露质量产生不同影响(lar Porta 等,2000)

在我国,上市公司的大股东大部分是国有性质,国有性质大股东更在意政治形象多于经济利益,倾向于采取直接手段侵占小股东利益,例如,发放现金股利、买卖资产、关联交易、占用资金等手段,较少通过虚假信息披露来达到侵占目的。相反,为了政治利益考虑,良好的信息披露有助于树立其公众形象(姜涛和王怀明,2011)。因此,在我国企业中,大股东侵占小股东的"壕沟效应"并不必然导致企业信息披露质

量的下降,与此同时,在"激励效应"对企业信息披露质量的正向影响下,大股东持股比例的增加会带来企业信息披露质量上升。此外,王化成等(2015)通过对我国A股公司2003年到2012年的样本进行分析,发现在我国上市公司中,大股东持股比例的增加对公司治理的影响主要表现为更强的激励和监督效应,以及更少的壕沟效应。何佳和夏晖(2005)认为,在财务状况好、市场价值大的企业中,随着控股股东持股比例增加,企业倾向于发行债券和可转换债券。由此可见,在我国企业中,大股东持股比例的增加提高了信息披露质量,从而拓宽了企业的融资渠道,表现为企业债务异质性程度上升。根据以上分析,提出以下假设:

H1:大股东持股比例与企业债务异质性程度正相关。

此外,在我国特殊的制度背景下,企业的产权性质会影响大股东持股的治理效果(余怒涛等,2017),从而对企业信息质量产生不同的作用。与国有企业相比,民营企业的大股东更在乎实际的经济利益多于政治形象,因此,在侵占小股东利益时并不十分关注信息披露质量的下降,更愿意采取信息欺诈等较为隐蔽的手段来实现个人利益最大化。此外,许多民营企业是通过并购或买壳的方式进入资本市场,从外形上来说,虽然完成了现代化上市公司基本构架的建设,但受到"家族式管理文化"思维影响,其内部公司治理状况整体比非民营公司要差,因此,在民营企业中,大股东通过信息欺诈侵占资产的情况比国有企业更为严重(吕长江,2008)。由此可见,与国有企业相比,民营企业的大股东持股的"壕沟效应"更多地表现为信息欺诈,从而导致企业信息披露质量下降,削弱了"激励效应"对信息披露质量的正向影响,不利于企业拓宽融资渠道,抑制了企业债务异质性程度的增加。根据以上分析,提出以下假设:

H2:在民营企业中,大股东持股比例与企业债务异质性程度的正相关关系更弱。

三、研究设计

(一)样本选择和数据来源

本文选取2008～2015年信用债企业为研究对象,主要原因如下:与非信用债企业相比,信用债企业是债券市场的主力,债务融资相对多元化。此外,各年度发行信用债的企业不具有连续性,所以样本为混合面板数据,删除金融行业和变量数据缺失样本,最后样本总数为6173个。所有数据均来自于WIND数据库。

(二)实证模型与变量设定

1. 债务异质性程度检验模型及变量。检验企业的债务异质性程度之前必须明确界定债务的分类,早期的债务异质性研究只是简单将债务工具分为债券融资和银行借款这两个大类,而随着研究的深入,债务的分类越来越详细,从债务的来源、到期日、担保条件、债务资本的易得性、资金偿还的优先权、对现金流的影响、交易成本、对管理层的激励作用等方面均可细分。分类越细,研究结论越准确。对债务类别的划分主要取决于研究对象所在地区的金融发展水平,Colla 等(2012)根据美国的金融市场现状将债务分为 5 种类型:商业票据、可循环信用贷款、期限银行债务(分期偿还贷款)、优先级和次级债券、资本性租赁债务。Povoa 和 Nakamura(2014)根据巴西金融市场的现状将企业的债务一共分为 7 类,即内资银行贷款、其他非公开借款、公开发行债券、补贴债务、外资债务(外资银行贷款和外资应付债券)、融资租赁、其他债务。上述分类都是研究者根据各国金融市场发展状况进行的不同分类。

一直以来,我国金融市场被高度行政化,银行借款,特别是长期银行借款是一种稀缺资源,由于其还款期长、风险低,银行更愿意将这些稀缺的资源投放给国有企业;相对而言,短期借款的还款期短、风险高,银行容易获利,更愿意被银行投放到借贷市场中,而那些无法获得长期借款的企业(以民营企业为主)只能选择短期银行借款。因此,从借款的难易程度上来说,民营企业获得长期借款难度大于短期借款。我国的债券市场自2008年以来才逐渐活跃,但债券市场的多部门管制模式导致了短期债券和长期债券的融资难度和交易方式不尽相同:短融债和中期票据是由央行核准发行,并委托银行间交易商协会来管理;企业债是由发改委监管核准发行,公司债是由证监会批准发行并监管,这种政出多门的管理模式导致各类债券在发行门槛、募集资金用途、发行期限和融资成本等方面差异较大,其中短融债和中期票据的借款期较短、融资难度小。企业债和公司债的借款期较长、发行门槛较高、融资难度大,这造就了各类应付债券的异质性,为了便于进一步的实证讨论,本文将这些应付债券大致分为应付短期债券和应付长期债券。此外,李心合等(2014)认为被长期化的商业信用负债,可以有效替代其他长期资金,使那些零金融性负债甚至是零长期资本来源的企业,照样可以实现规模化的投资和快速扩张,因此商业信用负债也是本文研究的一个主要内容。根据上述分析,我国企业债务融资工具可分为 7 大类,即:商业信用负债(应付账款,预收账款,应付票据)、应付债券(短期)、应付债券(长期)、短期借款、长期借款、长期应付款(融资租赁)、其他债务。

根据 Colla 等(2012),本文建立模型一 [式(1)],来度量企业债务异质性程度,该模型通过计算 Herfindahl-Hirschman Index(以下简称 HHI)指数来检验样本企业的债务异质性程度。

$$HHI_{it} = \frac{\left(\frac{OPD}{TD}\right)^2 + \left(\frac{SCD}{TD}\right)^2 + \left(\frac{LCD}{TD}\right)^2 + \left(\frac{SBD}{TD}\right)^2 + \left(\frac{LBD}{TD}\right)^2 + \left(\frac{AM}{TD}\right)^2 + \left(\frac{OT}{TD}\right)^2 - 1/7}{1 - 1/7}$$

(1)

在式(1)中,t 代表时间,i 代表公司,HHI 指数度量了企业债务的异质性程度。

如果公司只使用了一种类型的债务，HHI 取值为 1，如果公司同时使用了 7 种类型且比例相同的债务，那么 HHI 取值为 0。HHI 指数越低，则债务异质性越强（见表1）。式（1）中，OPD 代表商业信用负债，SCD 代表应付短期债券，LCD 代表应付长期债券，SBD 代表短期借款，LBD 代表长期借款，AM 代表融资租赁借款，OT 代表其他债务，TD 代表总负债。

表1 债务异质性程度参考表

HHI 指数	0	0~0.40	0.40~0.70	0.71~1
债务异质性程度	完全异质性债务	强异质性债务	弱异质性债务	同质性债务

2. 产权性质、大股东持股比例与债务异质性关系模型及变量。表2对相关变量进行了定义，被解释变量是企业债务异质性指数（HHI），计算方法见模型一。解释变量为大股东持股比例（Largehold），用第一大股东持股比例来度量。调节变量为产权性质（Qysx），当样本为民营企业时，Qysx 取 1；当样本为非民营企业的，Qysx 取 0。

表2 变量定义表

变量属性	变量名称	变量符号	变量含义
被解释变量	债务异质性指数	HHI	债务异质性程度（参考模型一）
解释变量	大股东持股比例	Largehold	第一大股东持股比例
	产权性质	Qysx	虚拟变量，民营企业取1，非民营企业取0

本文用模型二［式（2）］来探究大股东持股比例与债务异质性程度的关系，HHI_{it} 代表企业 i 在第 t 年的债务异质性程度，$Largehold_{it}$ 代表企业 i 在第 t 年的大股东持股比例，如果系数 β_1 显著为负，则说明随着大股东持股比例上升，企业债务异质性程度上升，则验证了 H1。为了探讨企业产权性质如何调节第一大股东持股比例与债务异质性的关系，本文在模型二中加入产权性质 $Qysx_{it}$（民营企业取1，否则取0）变量，以及第一大股东持股比例与产权性质的交乘项后得到模型三［式（3）］，在此模型中，如果系数 β_1 显著为负，且系数 β_3 显著为正，则说明当产权性质为民营企业时，大股东持股比例与企业债务性程度的正相关关系被削弱，则验证了 H2。

$$HHI_{it} = \alpha + \beta_1 Largehold_{it} + \sum Industry + \sum Year + e_{it} \qquad (2)$$

$$HHI_{it} = \alpha + \beta_1 Largehold_{it} + \beta_2 Qysx_{it} + \beta_3 Largehold_{it} \times Qysx_{it}$$
$$+ \sum Industry + \sum Year + e_{it} \qquad (3)$$

四、实证分析

(一) 债务异质性实证分析结果

1. 债务异质性程度分析。统计结果显示，6173 家样本中只有 23 家公司的债务呈现出同质性的特点，（即 HHI 系数高于 0.7，占样本比例的 0.3%），有 5879 家公司的 HHI 指数在 0~0.4 之间，占样本总量的 95.23%，呈现出显著的债务异质性特征。另外有 271 个样本的 HHI 系数介于 0.4~0.7 之间，占样本总数的 4.4%。此外，样本的 HHI 均值是 0.208、标准差为 0.1。这说明我国信用债企业债务异质性程度较强。此外，对 5879 家强债务异质性样本的债务分布进行分析发现，这些样本企业 28.9% 的债务来源于长期银行借款、26.2% 的债务来源于商业信用负债、15% 的债务来源于短期银行借款，12.1% 来自于债券融资（包括长期和短期债券融资）。由此可见，我国信用债企业主要债务融资渠道仍然是银行借款和商业信用负债，债券融资的比例偏低。这一结论证实了我国公开市场债务融资效率不高的事实，也验证了李心合等的观点，即我国企业的商业信用负债与金融性负债的本质是不同的，利息成本几乎为零，成为许多企业债务融资的主要来源之一。上述讨论初步验证了我国信用债企业债务异质性程度高，但债务异质性的结构特征还有待于进一步分析和验证。

本文将这 7 类债务占总债务的比例标准化（分别计算融资租赁负债、其他债务、短期应付债券、长期应付债券、商业信用负债、短期借款、长期借款占总债务的比例），并以此为基础，采用强制聚类数为 7 的单一方式进行聚类，一共生成了 7 组样本，图 1 和表 3 列示了聚类结果。

图 1 的三个维度分别为度量值、组别和各类债务占总债务比率均值，从图中可知，每一组都有一种优势债务，表现为该类债务与总债务比率的均值在本组取值的比其他组都大（具体数据见表 3），所对应的柱状体的高度为 7 组中最高。即，就融资租赁债务率而言，第二组柱状体最高，则第二组样本的融资租赁债务率均值最大；依此类推，第三组样本的其他负债率均值最大；第五组样本的应付短期债券率均值最大；第七组样本的应付长期债券率均值最大；第六组样本的商业信用负债率均值最大；第一组样本的短期借款率均值最大；第四组样本的长期借款率均值最大。

表 3 为进一步了解图 1 提供了数据支持，从表 3 中可知，第二组中融资租赁债务率的均值为 0.244，明显大于第一组、第三组、第四组、第五组、第六组、第七组均值（分别为 0.014、0.013、0.014、0.015、0.011、0.014），这说明第二组样本企业是以融资租赁债务为主要负债类型，样本量为 232。同理可知，第一组样本以短期借款为主要负债类型，样本量为 1397。第三组样本以其他债务为主要负债类型，样本量为 563。第四组样本以长期借款为主要负债类型，样本量为 1832。第五组样本以应付短期债券

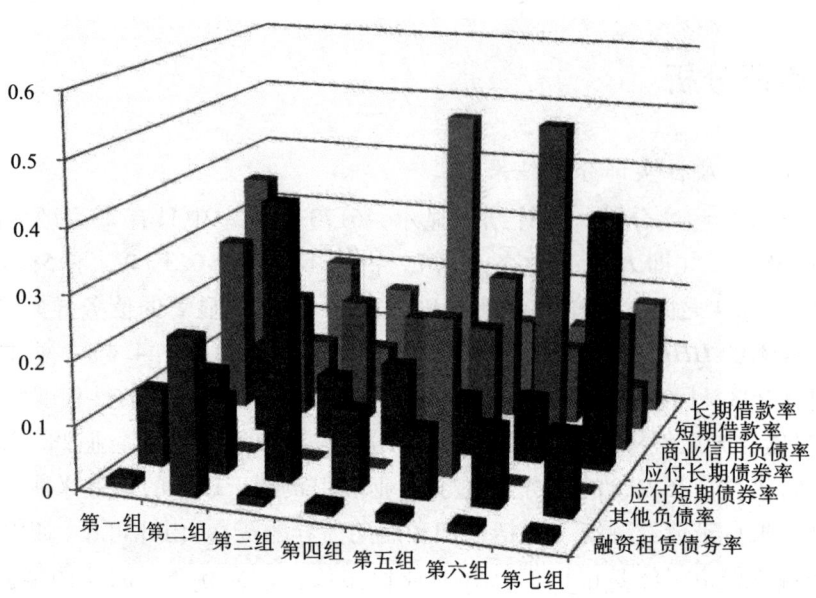

图1 债务类型聚类分析结果

表3 债务类型聚类分析统计结果

项目	第一组	第二组	第三组	第四组	第五组	第六组	第七组
样本量	1379	232	563	1832	81	1281	805
融资租赁债务率均值	0.014	0.244	0.013	0.014	0.015	0.011	0.014
其他负债率均值	0.121	0.122	0.430	0.126	0.11	0.124	0.128
应付短期债券率均值	0.00244	1.26E-05	0.00113	0.000578	0.248	0.000735	0.000442
应付长期债券率均值	0.090	0.145	0.103	0.133	0.093	0.103	0.395
商业信用负债率均值	0.278	0.195	0.197	0.181	0.174	0.508	0.212
短期借款率均值	0.363	0.091	0.092	0.074	0.231	0.123	0.071
长期借款率均值	0.133	0.203	0.164	0.471	0.129	0.131	0.180

为主要负债类型,样本量为81。第六组样本以商业信用负债为主要负债类型,样本量为1281。第七组样本以应付长期债券为主要负债类型,样本量为805。

整体而言,我国信用债企业的债务融资聚类分析结果分布相对均匀,这也进一步证实了信用债企业债务类型多元化的特征,说明我国企业债务异质性情况较为普遍,完全依靠单一类型债务融资的企业极少。进一步整合样本发现,52.73%的企业主要债务类型为银行借款(第四组和第一组样本)、20.75%的企业主要债务类型是商业信用负债(第六组样本)、14.35%的企业主要债务类为型债券融资(第五组与第七组样本)。这说明,即使选择信用债企业为研究对象,大部分企业的主要债务来源仍然是银行借款，这一发现与传统的信息不对称理论、逆向选择理论和有效清算理论中的对公司债券融资的推崇是相违背的。这说明我国企业对银行借款依赖性仍然较强，与北美企业主要债务来源是债券和票据相比（Rauh，2010；Colla 等，2012），我国金融市场仍然处于发展中状态，债券融资规模不尽如人意，政府相关部门仍需要努力建设和完善债券融资市场，提高企业债券融资比例，为企业直接融资创造更好的条件。

从债务期限的角度来看，我国企业仍然是以长期债务为主要融资方式，主要包括：长期借款、长期化的商业信用负债、应付长期债券；而短期债务融资中，企业偏向于短期银行借款，应付短期债券融资因为风险高、刚性兑付压力，所以排在所有债务融资方式的最后，是企业最不愿意使用的债务工具，从另一侧面也反映出我国信用债企业整体债务融资风险低，融资手段相对保守的现状。

2. 异质性债务结构分析。为了进一步观察年度间企业债务异质性特征的变化趋势，本文按年度对样本的债务异质性指标和构成比率求均值（见图2和表4）。由于2008年到2010年期间信用债企业样本量较少，故将其归类为一个时间段，以后各年度为一个时间段，指标变化趋势如图2所示。总体而言，债务异质性指数呈现出逐年下降的趋势，各年度的异质性指标分别是，2008~2010年为0.24355，而到2012年显著下降为0.22208，随后一直保持稳中有降的趋势。长期借款率逐年下降，其占总债务的比率各年度分别是，2008~2010年间为30%，2011年为27.4%，2012年23.2%，2013年为22.5%，2014年21.6%，2015年为20.1%。短期借款率除了在2012年度略有上升外，其他年度总体呈现下降趋势，分别为，2008~2010年是18.8%，2011年是14.8%，2012年是15.8%，2013年是14.4%，2014年是12.9%，2015年是11.7%。应付长期债券占总债务的比率逐年上升，分别为：2008~2010年间是8%，2011年是12.5%，2012年是15.3%，2013年是16.2%，2014年是16.6%，2015年是18.5%。融资租赁借款也逐年呈现上升趋势，其占总债务的比率分别为，2008~2010年是1.7%，2011年是1.7%，2012年是1.8%，2013年是2.1%，2014年是2.2%，2015年是2.5%。应付短期债券率始终偏低，徘徊在0.3%左右，商业信用负债率趋于稳定，始终在27%左右徘徊。这些变化说明我国企业的债务异质性程度逐年提高，银行借款的比率也逐年下降，债券融资已经逐渐成为企业的一项重要资本来源，代表了我国金融市场日益开放和规范的发展趋势。

（二）产权性质、大股东持股比例与债务异质性关系实证分析

1. 主要变量描述性统计。表5对主要变量进行了描述性统计，其中，债务异质性指数（HHI）的均值为0.212，中位数为0.182。大股东持股比例（$largehold$）的均值为77.71，中位数是71.17；产权性质（$Qysx$）为虚拟变量，其均值为0.166，中位数为0。这些变量取值都处在一个较为合理的范围，平均数和中位数也较为接近，最大值和最小值的异常值较少，故可进一步展开研究。

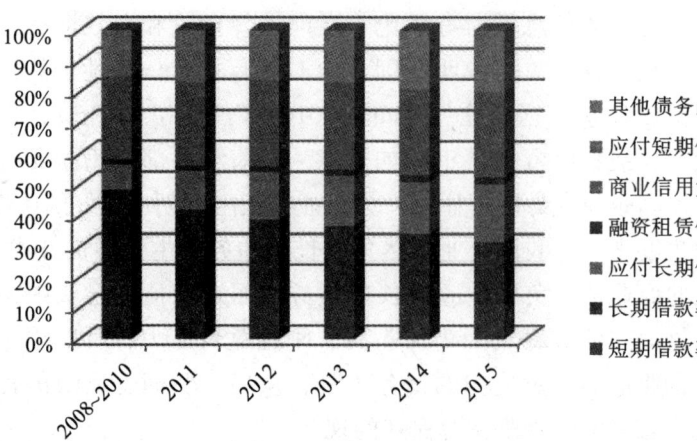

图2 年度债务结构变化趋势图

表4　债务结构变化趋势表

年度	2008—2010	2011	2012	2013	2014	2015
短期借款率	0.18761	0.14767	0.15794	0.14373	0.12871	0.11679
长期借款率	0.29795	0.274	0.23185	0.22521	0.21579	0.20125
应付长期债券率	0.08067	0.12475	0.15346	0.16151	0.16602	0.18522
融资租赁债务率	0.01701	0.01702	0.01815	0.0208	0.02232	0.02454
商业信用负债率	0.26549	0.26611	0.27792	0.28037	0.27656	0.27177
应付短期债券率	0.00547	0.00376	0.00265	0.00232	0.00328	0.00378
其他负债率	0.14580	0.16670	0.15803	0.16605	0.18732	0.19666
总负债	1	1	1	1	1	1
债务异质性指数	0.24355	0.23107	0.22208	0.22263	0.22211	0.22132

表5　主要变量描述性统计

变量名称	观察值数量	均值	标准差	中位数	最小值	最大值
HHI	6173	0.212	0.126	0.182	0.0323	1
$Largehold$	6173	77.71	29.20	71.17	2.060	100
$Qysx$	6173	0.166	0.372	0	0	1

2. 相关性分析。表6对变量进行了相关性分析,大股东持股比例($Largehold$)与债务异质性程度(HHI)的相关系数为-0.257,且显著,这初步证明了H1。此外,主要解释变量之间的相关系数均低于0.5,不存在多重共线性问题。

表6 相关性分析

	HHI	Largehold	Qysx
HHI	1	−0.257***	0.005
Largehold	−0.257***	1	−0.460***
Qysx	0.005	−0.460***	1

说明：*、**、*** 分别表示在10%、5%、1%的水平上显著，下文同。

3 回归分析。大股东持股比例与债务异质性程度的关系如表7第（1）栏所示，大股东持股比例变量（Largehold）的系数为 −0.000438，且在1%水平上显著，这说明大股东持股比例越大，利益协调效应会提高企业的信息披露质量，从而缓解企业的信息不对称情况，更容易通过不同渠道获得债务融资，因此其债务的异质性程度越高，进一步验证了H1。

表7 产权性质、大股东持股比例与债务异质性

变量	(1) HHI		(2) HHI	
	系数	T值	系数	T值
Largehold	−0.000438***	−7.83	−0.00045***	−6.32
Qysx			−0.0331***	−3.28
Largehold × Qysx			0.000572***	3.38
Constant	0.245***	52.68	0.291***	11.6
年度	控制		控制	
行业	控制		控制	
F值	61.28		43.75	
调整的 R^2	0.0103		0.1611	
样本量	6173		6173	

表7的第（2）栏展示了产权性质如何改变第一大股东持股比例与债务异质性程度的关系。即大股东持股比例与产权性质的交乘项（largehold × Qysx）的系数在1%的水平上显著为正，这说明，与非民营企业相比，民营企业会弱化大股东持股比例与债务异质性程度的正相关关系。这主要是因为，民营企业的第一大股东不是国家，而是以个人或者集体为主，其更在乎实际的经济利益，当其持股比例增加时，利己主义天性会使得大股东更倾向于通过信息欺诈等方式来转移资产或现金以达到侵占小股东利益的目的，这种"壕沟效应"弱化了大股东持股比例增加所产生的激励效应，导致企业

信息披露质量下降,融资渠道减少,从而弱化了大股东持股比例与债务异质性的正相关关系。因此,H2 得到验证。

4. 稳健性检验。为了进一步验证结论的可靠性,本文采用 DSHI 指标(胡建雄等,2015)来替换 HHI 指标,重新考察债务异质性与各影响因素的关系,DSHI 指标具体的计算模型四见式(4)。

$$DSHI_{it} = \frac{1 - (OPDL_{i,t}^2 + SCDL_{i,t}^2 + LCDL_{i,t}^2 + SBDL_{i,t}^2 + LBDL_{i,t}^2 + AML_{i,t}^2 + OTL_{i,t}^2)}{1 - \frac{1}{7}} \quad (4)$$

在模型 4 中 OPDL 代表商业信用负债比率;SCDL 代表短期应付债券比率;LCDL 代表长期应付债券比率;SBDL 代表短期银行借款比率;LBDL 代表长期银行借款比率;AML 代表融资租赁债务比率;OTL 代表其他负债比率。当企业只有一种债务时 DSHI 取值为 0,当企业的债务均匀分散时 DSHI 取值为 1,一般而言,DSHI 介于 0~1 之间,DSHI 越高,企业的债务异质性程度越大。用 DSHI 替代 HHI,分别代入模型二、模型三进行回归,回归结果如表 8 所示。

表 8 第(1)栏显示用 DSHI 代替 HHI 后,模型二(式 2)的回归结果,即大股东持股比例变量(Largehold)的系数在 1% 的水平上显著为正,由于 DSHI 越大,企业债务异质性越强,这表明大股东持股比例越大,债务异质性程度越大,从而为验证 H1 进一步提供了经验性证据。表 8 第(2)栏显示用 DSHI 代替 HHI,模型三的回归结果,在加入大股东持股比例与产权性质的交乘项后,交乘项系数显著为负,这说明民营企业会弱化第一大股东持股比例与债务异质性程度的正相关关系,为验证 H2 进一步提供了经验性证据。

表 8　产权性质、大股东持股比例与债务异质性:债务异质性为替代变量 HHI

变量	(1) DSHI 系数	(1) DSHI T值	(2) DSHI 系数	(2) DSHI T值
Largehold	0.00034***	5.57	0.00045***	6.32
Qysx			0.0331***	3.28
Largehold × Qysx			-0.000572***	-3.38
Constant	0.719***	5.57	0.709***	28.25
年度	控制		控制	
行业	控制		控制	
F 值	46.82		43.75	

续表

变量	(1) DSHI		(2) DSHI	
	系数	T值	系数	T值
调整的 R²	0.1597		0.1611	
样本量	6173		6173	

五、研究结论与建议

研究表明，我国信用债企业的债务结构呈现出较强的异质性特征，完全依靠单一类型债务融资的企业极少。就债务来源异质性而言，我国信用债企业的主要债务来源是银行借款和商业信用负债，债券融资比例仍然偏小，虽然近些年来我国债券市场日益发展，但债券融资规模不尽人意，即使在债务异质性较强的企业中，企业对银行贷款依赖性仍然较强。与北美企业主要债务来源是债券和票据相比，我国金融市场仍然处于发展中状态。十三五改革强调企业要积极培育公开透明、健康发展的资本市场，推进债券发行交易制度改革，提高直接融资比重，这不仅提振了企业进行直接债务融资的信心，也为推动企业债务多元化融资创造了更加有利的环境。此外，就债务期限异质性而言，我国信用债企业主要依赖于长期债务，包括长期银行借款、长期应付债券和长期化的商业信用负债，这说明我国信用债企业的债务融资风险较低，融资手段相对保守。

就债务异质性影响因素而言，本文重点讨论了大股东持股比例与债务异质性的关系，以及产权性质对这种相关性的调节作用。在我国的制度背景下，大股东持股比例增加产生的"激励效应"对于信息披露质量的正向影响大于"壕沟效应"对信息披露质量的负向影响。因此，伴随着大股东持股比例的上升，企业信息披露质量总的来说不断提高，从而获得更多债权人的青睐，其债务异质性程度随之增加。但产权性质会对这种相关关系起调节作用。由于国有企业的大股东在意政治形象多于经济利益，良好的信息披露有助于树立其公众形象，因此其较少采用信息欺诈手段来侵占小股东利益，更多采用诸如发放现金股利、买卖资产、关联交易、占用资金等直接手段进行侵占。而民营大股东注重经济利益多于政治形象，倾向于用虚假披露等较为隐蔽的手段来侵占小股东利益，从而导致公司信息披露质量下降。因此，民营企业会弱化大股东持股比例与债务异质性程度的正相关关系。

总之，本文仅初步探究了我国信用债企业债务的异质性特征及大股东持股比例对债务异质性程度的影响，未展开讨论大股东持股与异质性债务工具之间的关系。随着我国十三五规划的不断实践，债务融资方式会更加丰富，相关研究会越来越精致。

主要参考文献

何佳，夏晖．2005．有控制权利益的企业融资工具选择——可转换债券融资的理论思考．经济研究，4：66—76。

胡建雄，茅宁．2015．债务来源异质性对企业投资扭曲行为影响的实证研究．管理科学，1：47—57。

胡建雄，邵志翔，易志高．2015．企业债务异质性对过度投资行为的影响研究——基于我国上市公司样本的分析．山西财经大学学报，5：100—112。

姜涛，王怀明．2011．大股东持股、治理环境与信息披露质量．经济与管理研究，8：5—11。

李心合，王亚星，叶玲．2014．债务异质性假说与资本结构选择理论的新解释．会计研究，12：3—10。

吕长江，张玉彪，肖成民．2008．公司治理、大股东利益侵占与公司业绩．会计论坛，1：22—39。

王化成，曹丰，叶康涛．2015．监督还是掏空：大股东持股比例与股价崩盘风险．管理世界，2：45—57。

余怒涛，杨培蓉，郑延．2017．产权性质、公司治理与环境绩效关系研究——基于中国化工行业上市公司的实证检验．会计之友，14：35—41。

Barclay, M. J., & C. W. Smith Jr. 1995. The priority structure of corporate liabilities. *Journal of Finance*, 50 (3): 899 – 916.

Besanko, D., & G. Kanatas. 1993. Credit market equilibrium with bank monitoring and moral hazard. *The Review of Financial Studies*, 6 (1): 213 – 232.

Bolton, P., & X. Freixas. 2000. Equity, bonds, and bank debt: capital structure and financial market equilibrium under asymmetric information. *Journal of Political Economy*, 108 (2): 324 – 351.

Boot, A. W. A., & A. Thakor. 1997. Financial system architecture. *The Review of Financial Studies*, 10 (3): 693 – 733.

Cantillo, M., & J. Wright. 2000. How do firms choose their lenders? An empirical investigation. *Review of Financial Studies*, 13 (1): 155 – 189.

Colla, P., F. Ippolito, & K. Li. 2012. Debt structure and debt specialization. *The Journal of Finance*, 68 (5): 2127 – 2141.

Denis, D., & V. Mihov 2003. The choice among bank debt, non – bank private debt and public debt: evidence from new corporate borrowings. *Journal of Financial Economics*, 70 (1): 3 – 28.

DeMarzo, P., & M. Fishman 2007. Optimal long – term financial contracting. *The Review of Financial Studies*, 20 (6): 2079 – 2128.

Faulkender, M., & M. Petersen. 2006. Does the source of capital affect capital structure? *Review of Financial Studies*, 19 (1): 45 – 79.

Johnson, S. A. 1997. An empirical analysis of the determinants of corporate debt ownership structure. *The Journal of Financial and Quantitative Analysis*, 32 (1): 47-69.

La Porta R., F. lopez-de-silanes, A. Shleifer & R. Vishny. 2000. Agency problems and dividend Policy around the world. *The Journal of Finance*, 55 (1): 1-33

Povoa, A. C. S., & W. T. Nakamura. 2014. Homogeneity versus heterogeneity in debt structure: a study using panel data. *Revista Contabilidade & Financas*, 25 (64): 19-32

Rauh, J, & A. Sufi. 2010. Capital structure and debt structure. *Review of Financial Studies*, 23 (12): 4242-4280.

Repullo, R., & J. Suarez. 2000. Entrepreneurial moral hazard and bank monitoring: a model of the credit channel. *European Economic Review*, 44 (10): 1931-1950.

Corporate Ownership, the Proportion of Share Holding of Large Shareholder and Debt Heterogeneity in China

Zhihong Zhang, Ying Qiu

Abstract: Based on the companies issuing credit bonds, this paper discusses the heterogeneous debt characteristics and investigates the effects of shareholding ratio of large shareholders on debt heterogeneity. This paper finds that the credit debt issuing companies have overall high debt heterogeneity degree but have more dependence on bank loans. Also, the bonds financing ratio is increasingly annually. As the increasing of shareholding ratio of large shareholders can improve the information disclosure quality to widen the financing channel, the shareholding proportion of large shareholders is positively associated with the degree of debt heterogeneous. However, the large shareholders in private enterprise are more inclined to use information fraud to encroach on the interests of minority shareholder, thus weakening the positive incentive effect on information disclosure quality, so the relationship between shareholding ratio of large shareholders and the degree of debt heterogeneous is weaker in private enterprises.

Keywords: Corporate ownership; Proportion of share holding of large shareholder; Debt heterogeneity

治理环境与高薪养廉*
——来自中国上市公司的经验证据

雷 宇 金 梦 郭剑花

【摘 要】 本文利用我国上市公司 2009～2015 年的数据,在检验企业高管薪酬与高管腐败关系的基础上,重点研究了企业内外部治理环境对这种关系的影响。研究表明:企业高管薪酬与高管腐败正相关,即我国企业高管高薪不能起到养廉的作用;市场化进程和内部控制是有效的外部和内部治理机制,能够抑制高管薪酬与高管腐败之间的正向关系;内部控制的治理效果在国有企业更加明显,市场化进程的治理效果在非国有企业更加明显;党的十八大以来的反腐败斗争有效震慑了国有企业高管的腐败行为。本文为我国企业高管腐败的治理提供了经验证据,可以为企业反腐败工作的持续推进提供借鉴。

【关键词】 高薪养廉;治理环境;市场化进程;内部控制

收稿日期:2017 - 7 - 16

基金项目:广东省自然科学基金自由申请项目(2015A030313627);广东省哲学社会科学规划学科共建项目(GD16XGL14);财政部全国会计科研课题(2015KJB031);广东财经大学青年科研创新团队(内部控制研究团队)项目

作者简介:雷宇,男,博士,广东财经大学会计学院教授;金梦,女,广东财经大学会计学院硕士研究生;郭剑花(通讯作者),女,博士,广东财经大学会计学院副教授,guojhgsu@ sina. cn。

*作者感谢审稿人对本文的宝贵意见,但文责自负。

一、引言

随着监管的日渐加强与社会公民意识的逐步提高,企业高管腐败逐渐引起了社会公众的广泛关注(Olken 和 Pande,2012)。近年来,有关我国企业"高管腐败""天价薪酬"的新闻报道不断冲击着我们的眼球。一方面,企业高管腐败频繁发生。比如,北京金融街集团三高管利用职务之便贪污并收取贿赂1200万元,国药控股高管多次采用通过旅行公司违规套现的方式贪污、挪用资金上千万元等。另一方面,企业高管"天价薪酬"的报道经常出现。比如,中国平安董事长马明哲获得税前6616.1万元的天价薪酬,中集集团董事长麦伯良在利润下降的状况下薪酬高达998万元等。这不禁让我们把"高管薪酬"与"高管腐败"联系在一起。已经有少量研究考察了企业高管薪酬与高管腐败的关系,这些研究发现我国企业高管"高薪"不能达到"养廉"的效果,高管薪酬与高管腐败正相关(赵璨等,2013;刘宝华等,2016;林川和曹国华,2018)。

然而,这些研究主要从管理者权力角度解释这一现象,对企业高薪养廉所处的治理环境重视不足。高管薪酬与高管腐败的关系是在企业外部和内部环境因素的作用下形成的,治理环境影响着高薪养廉的效果并且是防治腐败的重要途径。鉴于此,本文在检验企业高管薪酬与高管腐败关系的基础上,重点研究了企业内外部治理环境对这种关系的影响。研究结果表明:第一,企业高管薪酬与高管腐败正相关,即上市公司高管的高薪不能起到养廉的作用。第二,市场化进程作为外部治理机制,有效抑制了高管薪酬与高管腐败之间的正向关系。第三,内部控制作为内部治理机制,也能够有效抑制高管薪酬与高管腐败之间的正向关系。第四,内部控制的治理效果在国有企业更为明显,市场化进程的治理效果在非国有企业更为明显,党的十八大以来的反腐败斗争有效震慑了国有企业高管的腐败行为。

本文可能的贡献在于:第一,检验了企业内部治理环境(内部控制)和外部治理环境(市场化进程)对"高薪养廉"效果的调节作用,揭示了我国在企业反腐中双管齐下、内外部一起抓的必要性,在一定程度上为党和政府推进腐败治理工作提供了证据支持。第二,区分不同产权性质企业和党的十八大前后分别展开研究,揭示了在不同政策环境、体制因素下企业高管薪酬与高管腐败之间关系的变化,以及市场化进程和内部控制调节作用的差异,深化了对企业腐败治理机制的认识。

余文的结构安排如下:第二部分为文献回顾与研究假设;第三部分是研究设计;第四部分是实证结果与分析;最后一部分为结论与启示。

二、文献回顾与研究假设

（一）企业高管腐败及其影响因素

随着腐败治理的推进，学术界也越来越注重对企业高管腐败问题的研究。Aidt（2003）指出腐败的本质是以权力谋求私利的一种行为，绝对的权力引致绝对的腐败。Dyck和Zingales（2004）认为高管腐败集中表现为高管的私有收益。Pearce（2008）将腐败视为公司管理层以牺牲股东利益为代价而谋取私人利益的不道德行为。陈信元等（2009）指出，企业高管腐败实质上是一种权力寻租行为，是企业激励机制缺乏效率而引发的替代激励手段。Yalamov和Belev（2011）认为，高管腐败是企业治理机制薄弱而诱发的管理层舞弊行为。徐细雄和谭瑾（2013）认为，腐败表现为高管通过奢靡在职消费、超额薪酬等隐蔽方式为自己带来物质利益及权力的满足感。周美华等（2016）将高管腐败界定为管理层的在职消费。可见，目前学术界对高管腐败的界定并没有实质性的差异，他们主要是依据控制权私利理论来界定高管腐败，并基本认同高管腐败是一种基于权力谋取私利的行为。

高管腐败的影响因素也得到了广泛研究。陈冬华等（2005）认为薪酬契约的低效是高管腐败滋生的潜在条件。陈信元等（2009）指出，政府的薪酬管制加大了高管腐败的可能性。Steen（2010）认为，企业高管实际上享有公司的经营管理决策权，完全有机会也有条件不按照委托人的利益行事，从事权力寻租等腐败活动谋取个人的控制权利益最大化。Watson和Hirsch（2010）认为企业内部权力配置失衡是引发腐败的重要缘由。同时，现有文献还发现管理层职权过大（赵璨等，2015；胡明霞和干胜道，2015）、内部控制不完善（杨德明和赵璨，2015；曹伟等2016）也是影响企业高管腐败的重要因素。此外，张玮倩等（2016）指出，高管作为企业发展的核心人物也具有非理性冲动，个体认知、文化环境的差异会影响腐败的发生，制度的不健全给高管带来了绝好的机会进行权力寻租，而不良的环境促使腐败得以蔓延。

（二）高薪养廉的效果

高管腐败是一种基于权力谋取私利的行为。这里的"私利"无外乎包括物资利益和精神利益两个方面。高薪养廉的意图是通过提供合法且充分的物资利益保障，降低官员违法谋取私利的动机。从"不敢腐、不能腐、不想腐"的反腐机制来看，高薪养廉是一种"不想腐"的机制。目前有少量文献研究了高薪养廉的效果（赵璨等，2013；刘宝华等，2016；林川和曹国华，2018），这些研究发现高管高薪与高管腐败正相关，"高薪"在我国企业中并没有达到"养廉"的效果。究其原因，现有研究主要从管理层权力的角度进行解释。

从管理层权力角度出发，两类代理问题都可能引发高管腐败。一是股东与管理者之间的代理问题，主要表现为在股权较为分散的情况下，股东缺乏对经理人进行监督的动力，从而带来了"内部人控制"问题，管理层有机会利用其掌握的信息以及权力从事贪污、腐败的活动。二是大股东与中小股东之间的代理问题，主要表现为在股权较为集中的状态下，往往呈现"一股独大"的景象，大股东可以通过其控制权地位指定高管层，从而为侵占中小股东利益创造了有利条件。这两类代理问题都会使得管理层权力过大，企业高管能够利用其权力获得高额的薪酬（权小锋等，2010；王清刚和胡亚君，2011），同样也能够攫取超额的在职消费（赵璨等，2013）。从这个角度看，高管高薪可能是其权力较大的体现，在缺乏监督制衡机制的情况下，权力就容易导致腐败。此外，与公职人员腐败不同，企业高管的腐败通常表现为超额的在职消费，这种形式相对于公职人员腐败而言更加隐蔽，也更加难以界定。这一方面增加了外部监督制衡机制发挥治理作用的难度，另一方面也弱化了高管主动拒绝腐败的动力。

综合以上分析，以往研究认为企业"高薪养廉"的目标可能难以实现。本文在已有研究的基础上提出如下假设，作为本文研究治理环境与高薪养廉关系的基础：

H1：限定其他条件，企业高管薪酬与高管腐败正相关。[①]

（三）内外部治理环境对高薪养廉效果的影响

利用管理层权力来解释高薪养廉无法达到效果有一个重要的前提假设，那就是管理层权力会导致高薪和腐败同时出现。这种解释并不完全实事求是。一方面，从主观动机来看，拥有权力的管理者并不一定都是"坏人"，廉洁自律的典型事例同样比比皆是。另一方面，只从管理层权力角度进行解释，忽视了影响高薪养廉效果的内外部环境。高薪可能是合法的，但腐败却不合法，企业内外部治理机制会对高薪和腐败的关系产生制约。高薪养廉旨在激发管理者"不想腐"的心理动机，而这种心理动机不只是提供高薪就能够完全实现的，治理环境在其中也发挥了重要作用。"不想腐"是个人的内在因素，而"不敢腐"和"不能腐"则是外部因素的结果，三种机制相互配合，共同起到抑制腐败的效果。因此，不能忽视治理环境对"高薪"和"养廉"关系的影响。

高薪养廉的效果受到治理环境的影响。本文将治理环境分为企业外部治理环境和企业内部治理环境两个方面，外部治理环境是指企业所处地区的市场化进程，内部治理环境是指企业内部控制。下面分别分析两种治理环境对高薪养廉效果的影响，并提出相应的研究假设。

1. 市场化进程的治理作用。市场的力量在社会经济生活中发挥的作用不容忽视，

[①] 本文的重点是研究内外部治理环境对高薪养廉效果的影响，H1仅是为这一研究提供基础，以便后续假设的分析和提出。

学术界也越来越注重对市场化进程作用的研究。辛清泉和谭伟强（2009）指出，随着市场化进程的深入，企业高管的薪酬—业绩敏感性得以增强。杨兴全等（2014）发现，市场化程度弱化了管理层权力和现金持有水平之间的正相关关系。谢获宝和惠丽丽（2015）研究发现，市场化程度的提高缓解了企业绩效和高管过度隐性私有收益之间的负相关关系。李慧云和刘镝（2016）指出，市场化进程加强了权益资本成本和自愿信息披露之间的负向关系。王东清和李静（2017）认为，市场化进程有助于抑制管理层超额在职消费而诱发的盈余管理行为。潘镇等（2017）研究表明，市场化程度抑制了政治基因与创新可持续性间的正相关关系。

市场化进程的推进是企业外部环境逐渐优化的过程。市场化水平高的地区，其法律制度和法律执行机制更加完善，信息透明度更高，媒体发挥着更强有力的监督作用，这有利于形成一种"不敢腐"的治理环境。一方面，法律制度和法律执行机制完善，能够从正式制度方面对高管腐败形成更强大的威慑作用。即便是高管在权力较大的情况下仍然不满足于高薪带来的物资利益并仍然"想腐"，但强大的法律威慑会减弱这种心理动机。另一方面，信息透明度和媒体监督作用的提高，有利于将高管的腐败行为置于阳光之下。"阳光是最好的防腐剂"。高管的腐败行为被曝光，将会给高管带来巨大的声誉损失以及利益损失，这能够从非正式制度方面形成威慑作用，促使高管"不敢腐"。总体上，市场化进程的提高改善了企业的外部治理环境，有助于形成"不敢腐"的威慑，这种威慑强化了高管在高薪下"不想腐"的心理动机，从而能够抑制高管薪酬与高管腐败之间的正向关系。据此提出如下假设：

H2：限定其他条件，市场化进程的提高有助于抑制高管薪酬与高管腐败之间的正向关系。

2. 内部控制的治理作用。根治腐败的关键在于制度建设，因此，将权力关进制度的笼子里，即通过一种内在机制来降低管理层滥用权力谋取私利是一种有效的治理方式。企业内部控制正是实现这一目标的制度安排。内部控制将企业各类业务的流程、权限、责任等进行规范化、制度化，形成一套合理分工、相互制约、权责明确、运行高效的体系，从而合理保证企业目标的实现。建立健全内部控制体系，是企业确保高管权力得到有效制衡的重要举措（杨雄胜，2005）。Doyle等（2007）指出，有效的内部控制能够减少企业高管的机会主义行为，并且能够提高会计的稳健性。Hogan和Wilkins（2008）认为，在内部控制低效的情况下，高管在会计估计和应用的选择方面拥有更宽广的自由裁量权，出现自利动机的可能性越高。同时，企业内部控制质量越高，越有助于提升公司治理水平（Hochberg等，2009）、制约高管的自利行为（卢锐等，2011）、促进会计信息质量的提升（孙芳城等，2011）、引导企业合法合规经营（毛新述和孟杰，2013）、有效防范政治晋升预期带来的隐性腐败行为（曹伟等，2016）。

内部控制是一种权力监督制衡的有效方式,其通过适当的岗位分离、授权审批、监督约束、绩效考评等机制来限制高管行为,有助于公司内部治理水平的提升。高质量的内部控制能够通过约束高管权力来防治管理层职权的过大而导致的代理问题,降低其滥用权力获取高额薪酬进而从事腐败活动的概率,从而有效缓解管理层权力诱发的腐败行为。从"不想腐、不能腐、不敢腐"机制体系来看,"不想腐"主要依靠道德自律,"不敢腐"主要依靠外部威慑,而"不能腐"则正是需要依靠以内部控制为基础的制度体系,让那些就算是"想腐""敢腐"的人员,也无法在具体操作上实现腐败。内部控制带来的腐败技术难度,能够进一步弱化高管在高薪的情况下仍然"想腐"的心理动机,从而抑制高管薪酬与高管腐败之间的正向关系。据此提出如下假设:

H3:限定其他条件,高质量的内部控制有助于抑制高管薪酬与高管腐败之间的正向关系。

三、研究设计

(一)样本选择与数据来源

本文选择2009~2015年沪深两市A股上市公司作为初始样本,并在此基础上进行了如下筛选:(1)剔除金融类上市公司;(2)剔除ST等特殊处理类型公司;(3)剔除数据异常或缺失的公司,最终得到12132个观测样本。研究所需的财务数据和公司治理数据取自CSMAR数据库,公司所在地数据取自CCER数据库,市场化程度数据来自王小鲁等(2017)计算的各地区市场化总指数评分,公司内部控制质量数据来自迪博·中国上市公司DIB内部控制和风险管理数据库。为避免极端值的影响,研究时对主要连续变量最大和最小的1%进行了缩尾处理。

(二)变量设定

1. 高管腐败。对于腐败的测量,以往研究主要沿两个思路展开:一是通过设置虚拟变量,利用公开披露的信息来判断企业有无高管腐败(陈信元等,2009;徐细雄和刘星,2013;胡明霞和干胜道,2015)。二是通过计算在职消费来衡量腐败,如周美华等(2016)利用管理层在职消费来度量腐败,并参考陈冬华等(2005)通过加总办公费、差旅费、业务招待费、小车费、通信费、出国培训费、会议费、董事会费等八项费用作为高管的在职消费。相对而言,使用在职消费衡量高管腐败比设置虚拟变量更加精确。但是如果使用在职消费的总额,那么正常的在职消费也被囊括在内,而在职消费作为正常经营所需以及契约不完备性的产物,其本身具有一定的合理性(王曾等,2014)。顾乃康等(2007)也指出此方法存在高估管理者在职消费的可能性。此外,一些支持在职消费效率观的研究认为,适度的在职消费有益于节约成本、提高管理效率

(Rajan 和 Wulf, 2006), 从而促进企业价值的提升 (李焰等, 2010)。鉴于此, 我们在在职消费的代理观和效率观之间进行权衡, 将企业高管腐败界定为高管的超额在职消费, 并在参考权小锋等 (2010)、赵璨等 (2013)、陈仕华等 (2014) 的基础上, 采用如下模型 (1) 对其进行测量:

$$\frac{Perks_{i,t}}{Asset_{i,t-1}} = \beta_0 + \beta_1 \frac{1}{Asset_{i,t-1}} + \beta_2 \frac{\Delta sale_{i,t}}{Asset_{i,t-1}} + \beta_3 \frac{PPE_{i,t}}{Asset_{i,t-1}}$$
$$+ \beta_4 \frac{Inventory_{i,t}}{Asset_{i,t-1}} + \beta_5 LnEmployee_{i,t} + \varepsilon_{i,t} \qquad (1)$$

在模型 (1) 中, $Perks_{i,t}$ 代表高管实际在职消费, 数据来自管理费用中减除董事高管以及监事会成员薪酬、计提的坏账准备、存货跌价准备和无形资产的摊销等显然不归于在职消费项目后的金额; $Asset_{i,t-1}$ 代表上年年末总资产; $\Delta sale_{i,t}$ 代表本期主营业务收入的增减额; $PPE_{i,t}$ 代表本期固定资产的净值; $Inventory_{i,t}$ 代表本期存货总额; $LnEmployee_{i,t}$ 代表企业雇佣员工总数的自然对数。通过模型 (1) 对样本公司进行分年度分行业回归, 得到残差 ε_i, 即为高管的超额在职消费。

2. 高管薪酬。采用薪酬前三名高管平均薪酬的自然对数作为本文的高管薪酬变量, 稳健性检验中也取全部高管平均薪酬的自然对数以及滞后一期的薪酬数据作为高管薪酬变量。

3. 市场化进程。采用王小鲁等 (2017) 计算的各地区市场化总指数评分, 并参考杨兴全等 (2014)、王东清和李静 (2017) 的做法, 通过设置虚拟变量来衡量市场化程度。若某地区当年的市场化总指数评分大于中位数时视为高市场化地区, 取值为 1, 否则为 0。王小鲁等 (2017) 只提供到 2014 年的评分数据, 我们用 2014 年的数据作为 2015 年市场化总指数评分。

4. 内部控制质量。用迪博企业风险管理技术有限公司 "中国上市公司内部控制指数库" 2009~2015 年的内部控制指数作为内部控制质量的度量指标。参考杨德明和赵璨 (2015) 的做法, 以该指数除以 100 来衡量内部控制质量, 数值越大表明内部控制质量越好。

(三) 模型设计

为检验本文假设 1、假设 2 以及假设 3, 我们分别构建了如下模型 (2)、模型 (3)、模型 (4):

$$Corrupt_{i,t} = \alpha_0 + \alpha_1 Salary_{i,t} + \alpha_2 Size_{i,t} + \alpha_3 Lev_{i,t} + \alpha_4 Grow_{i,t} + \alpha_5 ROA_{i,t} + \alpha_6 Top1_{i,t}$$
$$+ \alpha_7 Rat_{i,t} + \alpha_8 Mshare_{i,t} + \alpha_9 Dual_{i,t} + \alpha_{10} State_{i,t} + \sum Industry + \sum Year + \varepsilon_{i,t}$$
$$(2)$$

$$Corrupt_{i,t} = \beta_0 + \beta_1 Salary_{i,t} \times Market_{i,t} + \beta_2 Salary_{i,t} + \beta_3 Market_{i,t} + \beta_4 Size_{i,t} + \beta_5 Lev_{i,t}$$
$$+ \beta_6 Grow_{i,t} + \beta_7 ROA_{i,t} + \beta_8 Top1_{i,t} + \beta_9 Rat_{i,t} + \beta_{10} Mshare_{i,t} + \beta_{11} Dual_{i,t}$$
$$+ \beta_{12} State_{i,t} + \sum Industry + \sum Year + \varepsilon_{i,t}$$
$$(3)$$

$$Corrupt_{i,t} = \gamma_0 + \gamma_1 Salary_{i,t} \times IC_{i,t} + \gamma_2 Salary_{i,t} + \gamma_3 IC_{i,t} + \gamma_4 Size_{i,t} + \gamma_5 Lev_{i,t}$$
$$+ \gamma_6 Grow_{i,t} + \gamma_7 ROA_{i,t} + \gamma_8 Top1_{i,t} + \gamma_9 Rat_{i,t} + \gamma_{10} Mshare_{i,t} + \gamma_{11} Dual_{i,t}$$
$$+ \gamma_{12} State_{i,t} + \Sigma Industry + \Sigma Year + \varepsilon_{i,t} \quad (4)$$

在上述模型中，$Corrupt$ 代表高管腐败，为模型（1）回归的残差。$Salary$ 代表高管薪酬，$Market$ 为市场化进程，IC 代表内部控制质量。同时，本文参考陈信元等（2009）、权小锋等（2010）、赵璨等（2013）、陈仕华等（2014）的做法，选取的控制变量包括：公司规模（$Size$）、资产负债率（Lev）、销售收入增长率（$Grow$）、总资产净利润率（ROA）、第一大股东持股比例（$Top1$）、独立董事比例（Rat）、管理层持股比例（$Mshare$）、是否两职兼任（$Dual$）、实际控制人性质（$State$）。依据假设1，企业高管薪酬与高管腐败正相关，我们预期系数 α_1 显著为正。依据假设2和假设3，市场化进程以及内部控制质量的提高有助于抑制企业高管薪酬与高管腐败之间的正相关关系，我们预期系数 β_1、γ_1 显著为负。本文变量定义见表1。

表1　　　　　　　　　　　　变量定义表

变量符号	变量名称	变量说明
$Corrupt$	高管腐败	超额在职消费，即模型（1）回归的残差
$Salary$	高管薪酬	薪酬前三名高管平均薪酬的自然对数
$Market$	市场化进程	高市场化地区取1，否则为0
IC	内部控制质量	迪博·中国上市公司内部控制指数/100
$Size$	公司规模	总资产的自然对数
Lev	资产负债率	总负债/总资产
$Grow$	销售收入增长率	本期销售收入变动额/上期销售收入
ROA	总资产净利润率	本期净利润/期末总资产平均余额
$Top1$	第一大股东持股比例	第一大股东持股数/总股数
Rat	独立董事比例	独立董事人数/董事人数之和
$Mshare$	高管持股比例	高管持股数量/公司总股份数
$Dual$	CEO是否两职兼任	董事长和总经理由同一人担任时取1，否则为0
$State$	实际控制人性质	根据实际控制人性质，公司为国有时取1，否则为0
$Industry$	行业	以证监会2012年《上市公司行业分类指引》为依据，制造业按行业代码前两位分类，其他行业按第一位代码分类
$Year$	年度	年份虚拟变量

四、研究结果与分析

（一）描述性统计

表2报告了各变量的描述性统计结果。其中，高管超额在职消费（Corrupt）的最大值和最小值分别为0.2291、-0.3127，说明在我国，高管的超额在职消费现象在各公司间存在一定的差异，其中位数为0.0232，说明大部分上市公司都存在高管超额在职消费的情况。高管薪酬（Salary）的最大值为14.9629，在一定程度上说明了我国上市公司高管"天价薪酬"的存在。从市场化进程（Market）来看，其中位数为1，这表明我国大多数上市公司都分布于市场化进程相对较高的地区。

表2　　　　　　　　　　描述性统计

变量	样本数	均值	标准差	最小值	中位数	最大值
Corrupt	12132	0.0209	0.0792	-0.3127	0.0232	0.2291
Salary	12132	13.2446	0.6402	11.5502	13.2420	14.9629
Market	12132	0.8040	0.3970	0.0000	1.0000	1.0000
IC	12132	6.6250	1.1708	0.0000	6.8100	9.1395
Size	12132	22.0076	1.2398	19.5409	21.8197	25.8406
Lev	12132	0.4432	0.2113	0.0478	0.4435	0.8982
Grow	12132	0.1520	0.3450	-0.5424	0.1024	1.8879
ROA	12132	0.0427	0.0516	-0.1392	0.0372	0.2150
Top1	12132	0.3591	0.1509	0.0877	0.3403	0.7540
Rat	12132	0.3714	0.0528	0.3077	0.3333	0.5714
Mshare	12132	0.1115	0.1947	0.0000	0.0003	0.8972
Dual	12132	0.2310	0.4215	0.0000	0.0000	1.0000
State	12132	0.4468	0.4972	0.0000	0.0000	1.0000

（二）回归分析

表3报告了假设1、假设2和假设3的检验结果，第（1）列、第（2）列、第（3）列分别是模型（2）、模型（3）与模型（4）的回归结果。从第（1）列可以看出，高管薪酬（Salary）的系数为0.009，并通过了1%水平的显著性检验，即高管薪酬与高管腐败存在正向关系，说明在我国企业高管高薪并不能起到养廉的作用，高管薪酬越高，高管的超额在职消费现象越严重，假设1得到支持。从第（2）列可以看出，市场化进程与高管薪酬的交乘项（Salary×Market）的系数为-0.007，并通过了

5% 水平的显著性检验，说明市场化进程的提高有助于抑制高管薪酬与高管腐败之间的正相关关系，假设 2 得到支持。从第（3）列可以看出，内部控制与高管薪酬的交乘项（Salary×IC）的系数为 -0.002，并通过了 5% 水平的显著性检验，这揭示了良好的内部控制有助于抑制高管薪酬与高管腐败之间的正相关关系，假设 3 得到支持。

此外，从控制变量来看，公司规模（Size）与高管腐败负相关，这可能是由于公司规模越大，其受到公众及媒体的监督越广泛，信息的透明度更高，高管的超额在职消费行为更容易被察觉，因此，大公司高管的腐败程度越轻。财务杠杆（Lev）与高管腐败负相关，因为资产负债率较高的企业，其能够给高管提供的在职消费水平越低。公司成长性（Grow）与高管腐败负相关，因为如果企业处于成长能力较高的时期，其需要更多的资金来满足其高增长的需求，无法满足高管超额在职消费的追求，从而抑制了腐败的发生。公司业绩（ROA）与高管腐败正相关，这是因为企业良好的业绩为高管获取超额在职消费创造了有利条件。同时，从职权角度分析，第一大股东持股比例（Top1）与高管腐败正相关，第一大股东持股比例越高，其掌握的权力越大，越有能力利用自己的投票权通过奢靡在职消费等腐败行为损害中小股东的利益。高管持股比例（Mshare）与高管腐败正相关，在高管持股占比越大的情况下，其话语权也更大，不仅有权力决定自己的薪酬，还有权力决定自己的在职消费额度。两职兼任（Dual）与高管腐败正相关，这也主要与管理层权力有关，在 CEO 两职兼任的情况下，企业内部的监管职能得不到有效发挥，董事会的监督力度被削弱，从而为高管的自利行为提供了有利的机会。

表 3　　　　　　　　　　回归结果

变量	(1)	(2)	(3)
Salary	0.009***	0.014***	0.025***
	(0.000)	(0.000)	(0.000)
Salary×Market		-0.007**	
		(0.016)	
Market		0.090**	
		(0.013)	
Salary×IC			-0.002**
			(0.014)
IC			0.034**
			(0.012)
Size	-0.024***	-0.024***	-0.024***
	(0.000)	(0.000)	(0.000)

续表

变量	(1)	(2)	(3)
Lev	-0.072***	-0.073***	-0.072***
	(0.000)	(0.000)	(0.000)
Grow	-0.014***	-0.014***	-0.015***
	(0.000)	(0.000)	(0.000)
ROA	0.142***	0.140***	0.130***
	(0.000)	(0.000)	(0.000)
Top1	0.034***	0.034***	0.034***
	(0.000)	(0.000)	(0.000)
Rat	-0.017	-0.016	-0.017
	(0.133)	(0.152)	(0.138)
Mshare	0.031***	0.030***	0.031***
	(0.000)	(0.000)	(0.000)
Dual	0.003**	0.003**	0.003**
	(0.027)	(0.040)	(0.031)
State	-0.003*	-0.002	-0.002
	(0.087)	(0.215)	(0.104)
Ind	控制	控制	控制
Year	控制	控制	控制
Constant	0.461***	0.396***	0.244***
	(0.000)	(0.000)	(0.009)
Adj R^2	0.354	0.354	0.355
F	219.800	208.724	208.683
Prob > F	0.000	0.000	0.000
N	12132	12132	12132

说明：检验统计量均经过 White 调整，括号中为 p 值；***、**、*分别代表在1%、5%和10%的水平上显著（双尾检验）；下文同。

（三）进一步分析

1. 不同产权性质企业的对比分析。国有企业和非国有企业的高管薪酬和高管腐败具有不同的动机和机制。基于这种差异，我们将全样本分为国有企业组和非国有企业组分别进行回归，表4报告了国有企业和非国有企业对比分析的结果。第（1）列中高管薪酬（Salary）的系数为 0.003，在 10% 的水平上显著；第（4）列中高管薪酬（Salary）的系数为 0.014，在 1% 的水平上显著。这一对比表明，在国有企业和非国有企业中高管薪酬与高管腐败均呈现正相关关系，但国有企业的这种正相关关系要弱于非国有企业。这可能有两方面原因：一是国有企业高管薪酬受到严格管制，薪酬与腐败的关系无法得到完全呈现；二是国有企业高管与党政领导干部一样是反腐败的重要领域，在这种威慑下国有企业高管可能比非国有企业高管有所收敛。表 4 的第（2）、（3）列显示，在国有企业中，内部控制对高管薪酬与高管腐败之间正向关系的抑制作用更为显著；第（5）、（6）列显示，在非国有企业中，市场化进程对高管薪酬与高管腐败之间正向关系的抑制效果更为显著。这主要是由于我国国有企业更多地受到了政府管制，相较于非国有企业，其市场活力未能得到充分发挥。而非国有企业作为市场经济的产物，更大限度地激发了其市场主体活力，使得市场化进程的力量在非国有企业中发挥了更为显著的作用。

表 4　　国有企业与非国有企业的对比分析

变量	国有企业			非国有企业		
	(1)	(2)	(3)	(4)	(5)	(6)
Salary	0.003*	0.007**	0.026***	0.014***	0.023***	0.026**
	(0.084)	(0.037)	(0.003)	(0.000)	(0.000)	(0.018)
Salary×Market		−0.005			−0.012***	
		(0.143)			(0.006)	
Market		0.068			0.164***	
		(0.154)			(0.004)	
Salary×IC			−0.003***			−0.002
			(0.006)			(0.249)
IC			0.046***			0.026
			(0.007)			(0.231)
Size	−0.021***	−0.020***	−0.020***	−0.028***	−0.028***	−0.029***
	(0.000)	(0.000)	(0.000)	(0.000)	(0.000)	(0.000)
Lev	−0.070***	−0.070***	−0.070***	−0.073***	−0.074***	−0.072***
	(0.000)	(0.000)	(0.000)	(0.000)	(0.000)	(0.000)
Grow	−0.009**	−0.009**	−0.009**	−0.018***	−0.017***	−0.018***
	(0.042)	(0.039)	(0.041)	(0.000)	(0.000)	(0.000)

续表

变量	国有企业			非国有企业		
	(1)	(2)	(3)	(4)	(5)	(6)
ROA	0.167***	0.166***	0.155***	0.127***	0.124***	0.119***
	(0.000)	(0.000)	(0.000)	(0.000)	(0.000)	(0.000)
Top1	0.032***	0.032***	0.032***	0.036***	0.033***	0.036***
	(0.000)	(0.000)	(0.000)	(0.000)	(0.000)	(0.000)
Rat	-0.029*	-0.030*	-0.028*	-0.030**	-0.026*	-0.030**
	(0.081)	(0.069)	(0.088)	(0.041)	(0.073)	(0.014)
Mshare	0.100***	0.101***	0.101***	0.028***	0.026***	0.028***
	(0.000)	(0.000)	(0.000)	(0.000)	(0.000)	(0.000)
Dual	-0.001	-0.001	-0.001	0.004**	0.004**	0.004**
	(0.841)	(0.792)	(0.826)	(0.013)	(0.016)	(0.014)
Ind	控制	控制	控制	控制	控制	控制
Year	控制	控制	控制	控制	控制	控制
Constant	0.465***	0.413***	0.162	0.499***	0.369***	0.333**
	(0.000)	(0.000)	(0.174)	(0.000)	(0.000)	(0.027)
Adj R^2	0.357	0.357	0.359	0.342	0.345	0.342
F	108.136	102.457	102.312	129.087	121.166	121.908
Prob > F	0.000	0.000	0.000	0.000	0.000	0.000
N	5414	5414	5414	6718	6718	6718

2. 国有企业在党的十八大前后的对比分析。2012年11月,党的十八大胜利召开。十八大以来中央大力推进反腐败斗争,在反腐败斗争中具有里程碑意义,取得了巨大成绩。国有企业高管与党政领导干部一样是反腐败的重要领域,因此基于十八大前后我国反腐败斗争的区别,我们将国有企业样本划分为十八大之前和十八大之后两个部分进行对比分析。因为党的十八大的召开是在2012年年末,本文将2009~2012年划分为十八大之前,2013~2015年划分为十八大之后。

表5报告了国有企业十八大前后的对比检验结果。首先,第(1)列显示,十八大之前国有企业高管薪酬对高管腐败有正向影响,而第(4)列显示,十八大之后国有企业高管薪酬对高管腐败没有显著影响。这说明十八大以来的反腐败斗争有效震慑了国有企业高管的腐败行为。其次,第(2)列和第(5)列对比以及第(3)列和第(6)列对比表明,对于国有企业而言,十八大之前市场化进程对高管薪酬与高管腐败之间

正向关系的抑制效果更为显著，十八大之后内部控制对高管薪酬与高管腐败之间正向关系的抑制效果更为显著。这可能是由于十八大之后，企业更加注重反腐败的制度建设，完善企业内部控制，加强权力的有效制衡，使内部控制发挥了更大的治理功效。反腐败重在制度建设，这一点无论是对于党政领导干部还是国有企业高管都是适用的。内部控制的治理效果在十八大之后得到加强，说明制度建设得到强化，"把权力关进制度的笼子里"，国有企业高管腐败的治理进入可持续的轨道。

表5 国有企业十八大前后的对比分析

变量	十八大前			十八大后		
	(1)	(2)	(3)	(4)	(5)	(6)
Salary	0.004*	0.012***	0.018**	0.002	0.002	0.039***
	(0.086)	(0.003)	(0.045)	(0.389)	(0.735)	(0.004)
Salary × Market		−0.010**			0.001	
		(0.018)			(0.875)	
Market		0.129**			−0.012	
		(0.020)			(0.871)	
Salary × IC			−0.002			−0.006***
			(0.108)			(0.004)
IC			0.026			0.077***
			(0.123)			(0.004)
Size	−0.022***	−0.022***	−0.021***	−0.019***	−0.019***	−0.019***
	(0.000)	(0.000)	(0.000)	(0.000)	(0.000)	(0.000)
Lev	−0.069***	−0.071***	−0.070***	−0.069***	−0.069***	−0.068***
	(0.000)	(0.000)	(0.000)	(0.000)	(0.000)	(0.000)
Grow	−0.011***	−0.011***	−0.010**	−0.004	−0.004	−0.005
	(0.008)	(0.006)	(0.010)	(0.496)	(0.497)	(0.452)
ROA	0.145***	0.144***	0.153***	0.196***	0.196***	0.169***
	(0.000)	(0.000)	(0.000)	(0.000)	(0.000)	(0.000)
Top1	0.038***	0.038***	0.038***	0.023***	0.023***	0.024***
	(0.000)	(0.000)	(0.000)	(0.006)	(0.006)	(0.004)
Rat	−0.049**	−0.051**	−0.048**	−0.006	−0.006	−0.007
	(0.041)	(0.031)	(0.045)	(0.790)	(0.789)	(0.754)

续表

变量	十八大前			十八大后		
	(1)	(2)	(3)	(4)	(5)	(6)
Mshare	0.104***	0.106***	0.103***	0.087**	0.087**	0.098**
	(0.005)	(0.004)	(0.005)	(0.040)	(0.040)	(0.018)
Dual	-0.008*	-0.008*	-0.007*	0.006	0.006	0.006
	(0.073)	(0.061)	(0.081)	(0.102)	(0.102)	(0.108)
Ind	控制	控制	控制	控制	控制	控制
Year	控制	控制	控制	控制	控制	控制
Constant	0.478***	0.379***	0.290**	0.406***	0.413***	-0.088
	(0.000)	(0.000)	(0.016)	(0.000)	(0.000)	(0.631)
Adj R^2	0.347	0.348	0.348	0.335	0.334	0.340
F	50.327	47.522	47.392	63.680	59.787	58.911
Prob > F	0.000	0.000	0.000	0.000	0.000	0.000
N	2873	2873	2873	2541	2541	2541

（四）稳健性检验

为了验证本文结论的可靠性，我们采用了如下方式进行稳健性检验：（1）参考周美华等（2016）的研究，将在职消费与营业收入之比作为高管腐败（Corrupt）的替代变量重新回归。（2）参考赵璨等（2013）的做法，选用滞后一期的高管薪酬重新检验。（3）将前三名高管平均薪酬的自然对数替换为全部高管平均薪酬的自然对数重新回归。以上稳健性回归的结果并未发生实质性变化，本文假设依然得到支持。

五、结论与启示

在我国大力推进反腐败斗争的形势下，企业高管腐败受到越来越多的关注。本文在检验企业高管薪酬与高管腐败关系的基础上，重点研究了企业内外部治理环境对这种关系的影响。基于2009~2015年沪深两市A股上市公司数据，本文的实证研究结果表明：（1）企业高管薪酬与高管腐败正相关，即在我国高薪并不能起到养廉的作用，这与以往研究一致。（2）市场化进程作为一种外部治理机制，显著抑制了高管薪酬与高管腐败之间的正向关系。这进一步肯定了市场力量在经济生活中发挥的积极作用。随着市场化进程的推进，企业外部的治理环境得以改善，从而抑制了高管薪酬与高管腐败之间的正向关系。（3）良好的内部控制能够抑制高管薪酬与高管腐败之间的正相关关系。内部控制的建设是高薪养廉制度赖以生存的基石，它能够在操作层面有效制衡防止管理层的以权谋私行为。（4）进一步研究发现：国有企业高管薪酬与高管腐败间的正向关系要弱于非国有企业，内部控制对国有企业上述关系的抑制作用更为显著，市场化进程对非国有企业上述关系的抑制效果更为显著；党的十八大以来的反腐败斗争有效震慑了国有企业高管的腐败行为，十八大之前市场化进程对高管薪酬与高管腐败之间正向关系的抑制效果更为显著，十八大之后内部控制对这种关系的抑制效果更为显著。

本文主要得出以下启示：（1）合理设计高管薪酬契约。"天价薪酬"可能并不能起到养廉的功效，反而会刺激寻租行为，企业应完善公司治理机制，形成权力的有效制衡，使管理层在职消费透明化。鼓励全体员工努力践行社会主义核心价值观，加强精神文明建设，形成清正廉洁、勤俭节约的优秀企业文化。（2）大力推动市场化改革，驱除滋生腐败的土壤。正如十九大报告中指出的，着力构建市场机制有效、微观主体有活力、宏观调控有度的经济体制。充分发挥外部制度环境优势，使高管权力在公开、公平、公正的市场环境中得到有效的监督和约束，降低其控制权私利的攫取。（3）在国家完善法律法规监管体系、大力推进反腐倡廉工作的同时，企业自身也应高度重视内部控制的建设，根据实际需求制定防治腐败的内部控制举措，并将其有效地嵌入公司治理当中，优化内部权力配置，形成抑制公司高管腐败的重要防线和微观基础。

主要参考文献

曹伟，杨德明，赵璨. 2016. 政治晋升预期与高管腐败——来自国有上市公司的经验证据. 经济学动态，2：59—77。

陈冬华，陈信元，万华林. 2005. 国有企业中的薪酬管制与在职消费. 经济研究，2：92—101。

陈仕华，姜广省，李维安，王春林. 2014. 国有企业纪委的治理参与能否抑制高管私有收益？经济研究，10：7—11。

陈信元，陈冬华，万华林，梁上坤. 2009. 地区差异、薪酬管制与高管腐败. 管理世界，11：130—143+188。

顾乃康，孙进军. 2007. 管理者报酬与公司多元化的实证研究. 中山大学学报（社会科学版），04：95—101+127。

胡明霞，干胜道. 2015. 管理层权力、内部控制与高管腐败. 中南财经政法大学学报，3：87—93。

李慧云，刘镝. 2016. 市场化进程、自愿性信息披露和权益资本成本. 会计研究，1：71—78+96。

李焰，秦义虎，黄继承. 2010. 在职消费、员工工资与企业绩效. 财贸经济，7：60—68。

林川, 曹国华. 2018. "高薪养廉"还是"高薪致腐"?——基于中国证券市场的经验证据. 江汉学术, 2: 22—31。

刘宝华, 周微, 张虹. 2016. 高薪未必养廉——基于权力异化的视角. 中国经济问题, 6: 82—95。

卢锐, 柳建华, 许宁. 2011. 内部控制、产权与高管薪酬业绩敏感性. 会计研究, 10: 42—48+96。

毛新述, 孟杰. 2013. 内部控制与诉讼风险. 管理世界, 11: 155—165。

潘镇, 戴星星, 李健. 2017. 政治基因、市场化进程与企业创新的可持续性. 广东财经大学学报, 4: 24—31。

权小锋, 吴世农, 文芳. 2010. 管理层权力、私有收益与薪酬操纵. 经济研究, 11: 73—87。

孙芳城, 梅波, 杨兴龙. 2011. 内部控制、会计信息质量与反倾销应对. 会计研究, 9: 47—54+97。

王曾, 符国群, 黄丹阳, 汪剑锋. 2014. 国有企业CEO"政治晋升"与"在职消费"关系研究. 管理世界, 5: 157—171。

王东清, 李静. 2017. 市场化程度、超额在职消费与盈余管理. 中南大学学报（社会科学版）, 4: 119—126。

王清刚, 胡亚君. 2011. 管理层权力与异常高管薪酬行为研究. 中国软科学, 10: 166—175。

王小鲁, 樊纲, 余静文. 2017. 中国分省份市场化指数报告（2016）. 社会科学文献出版社。

谢获宝, 惠丽丽. 2015. 市场化进程、企业绩效与高管过度隐性私有收益. 南方经济, 3: 52—76。

辛清泉, 谭伟强, 2009. 市场化改革、企业业绩与国有企业经理薪酬. 经济研究, 11: 68—81。

徐细雄, 刘星. 2013. 放权改革、薪酬管制与企业高管腐败. 管理世界, 3: 119—132。

徐细雄, 谭瑾. 2013. 制度环境、放权改革与国企高管腐败. 经济体制改革, 2: 25—28。

杨德明, 赵璨. 2015. 内部控制、媒体曝光率与国有企业高管腐败. 财务研究, 5: 66—73。

杨兴全, 张丽平, 吴昊旻. 2014. 市场化进程、管理层权力与公司现金持有. 南开管理评论, 2: 34—45。

杨雄胜. 2005. 内部控制理论研究新视野. 会计研究, 7: 49—54+97。

张玮倩, 方军雄. 2016. 地区腐败、企业性质与高管腐败. 会计与经济研究, 3: 3—24。

赵璨, 杨德明, 曹伟. 2015. 行政权、控制权与国有企业高管腐败. 财经研究, 5: 78—89。

赵璨, 朱锦余, 曹伟. 2013. 高薪能够养廉么?——来自中国国有上市公司的实证证据. 中国会计评论, 4: 491—512。

周美华, 林斌, 林东杰. 2016. 管理层权力、内部控制与腐败治理. 会计研究, 3: 56—63+96。

Aidt, T. 2003. Economic analysis of corruption: A survey. *The Economic Journal*, 113 (491): 632 - 652.

Doyle, J. T., W. Ge. & S. Mcvay. 2007. Accruals quality and internal control over financial reporting. *The Accounting Review*. 82 (5): 1141 - 1170.

Dyck, A., & L. Zingales. 2004. Private benefits of control: An international comparison. *The Journal of Finance*, 59 (2): 537 – 600.

Steen E. V. 2010. Disagreement and the allocation of control. *Journal of Law, Economics and Organization*. 26 (12): 385 – 426.

Hochberg, Y. V., P. Sapienza, & A. Vissing – Jorgensen. 2009. A lobbying approach to evaluating the Sarbanes Oxley Act of 2002. *Journal of Accounting Research*, 47 (2): 519 – 583.

Hogan, C. E., & M. S. Wilkins. 2008. Evidence on the audit risk model: Do auditors increase audit fees in the presence of internal control deficiencies? *Contemporary Accounting Research*, 25 (1): 219 – 242.

Olken, B. A., & R. Pande. 2012. Corruption in developing countries. *Annual of Economics*, 4 (1): 479 – 509.

Pearce, C. L., C. C. Manz, & J. H. P. Sims. 2008. The roles of vertical and shared leadership in the enactment of executive corruption: Implications for research and practice. *The Leadership Quarterly*, 19 (3): 353 – 359.

Rajan, R. G., & J. Wulf, 2006. Are perks purely managerial excess. *Journal of Financial Economics*, 79 (1): 1 – 33.

Watson, S., & R. Hirsch. 2010. The link between corporate governance and corruption in New Zealand. *New Zealand Universities Law Review*, 24 (1): 1 – 42.

Yalamov, T., & B. Belev. 2011. Corporate governance: An antidote to corruption – examples/lessons learned in Bulgaria and transition countries. *Working Paper*.

Governance Environment and High Payment to Restrain Corruption: Empirical Evidence from Listed Companies in China

Yu Lei, Meng Jin, Jianhua Guo

Abstract: On the basis of examining the relationship between executive compensation and executive corruption, this paper focuses on the effects of internal and external governance environment on above relationship by using all listed companies in China during 2009 – 2015. The findings show that, the executive compensation is positively associated with executive corruption, that is, companies' high executive compensation cannot prevent executive corruption behaviors in China. The marketization process and internal control are effective external and internal governance mechanisms, which can help to restrain the positive relationship between executive compensation and executive corruption. The governance effect of internal control is more significant in state – owned enterprises, and the governance effect of marketization process is more significant in non – state – owned enterprises. The anti – corruption campaign since the 18th National Congress of CPC has effectively terrorized the corruption behaviors of state – owned enterprise executives. This paper provides empirical evidence for the governance of executive corruption in China and can make references for the continuous promotion of anti – corruption campaign in enterprises.

Keywords: High payment restraining corruption; Governance environment; Process of marketization; Internal control

政府补助、寻租活动与高管薪酬*

江新峰　汪晓飞

【摘　要】 本文基于薪酬契约理论考察政府补助对企业高管薪酬契约的影响，并重点探讨经济转型背景下高管寻租行为在这一过程中的作用及其机制。研究发现：（1）政府补助的获得提升了高管薪酬水平，并且寻租活动的存在加剧了这一现象；（2）企业内部控制质量与寻租行为作用下政府补助与高管薪酬的提升密切相关，企业内部控制较差时，高管薪酬提升效果更为明显；（3）寻租活动降低了高管薪酬与企业业绩之间的敏感性。研究结果表明，寻租行为增加政府补助对高管薪酬提升作用的机制更多体现在寻租高管对政府补助的权力攫取，反映政府补助沦为寻租者的"分红盛宴"，在这一机制作用下，高管薪酬契约的有效性显著降低。本文结论为探明政府补助存在效率损失的原因，厘清高管薪酬提升的作用机制提供了参考，有助于促使政府部门完善企业补助制度以及企业部门设计最优薪酬契约，从而最大化社会福利。

【关键词】 政府补助；寻租活动；薪酬契约；内部控制质量；薪酬业绩敏感性

收稿日期：2017-11-27
基金项目：中央高校基本科研业务费专项基金（2662017QD022）；国家自然科学基金项目（71502174，71702193）；湖北省会计学会会计科研课题项目（HBKJXH2016ZD02）；财政部全国会计领军人才培养工程特殊支持计划；武汉市黄鹤英才计划
作者简介：江新峰，男，博士，华中农业大学经济管理学院讲师，king_jiang@sina.cn；汪晓飞，女，硕士，普华永道中天会计师事务所（特殊普通合伙）广州分所审计师。
*作者感谢审稿专家对本文的宝贵意见，但文责自负。

一、引言

被誉为"扶持之手"的政府补助是政府通过向企业无偿提供资金支持来实现预期政治、经济和社会目标的一种常用方式,在调节宏观经济中发挥着重要作用。近年来,政府给予上市公司补助的力度逐步加大,Wind 资讯统计数据显示,截至 2017 年 12 月,沪深两市共 3060 家上市公司获得政府补助,影响当期损益的政府补助总额达 1686.01 亿元。但是事实上尽管企业获取政府补助的金额在节节攀升,其具体审批发放过程却存在与政策规定相悖的现象。2017 年 6 月 23 日发布的《国务院关于 2016 年度中央预算执行和其他财政收支的审计工作报告》指出,国家财政资金在分配决策和管理中存在公共权力滥用的问题,仅广东省的一个副处级干部就能够通过以权谋私手段改变 1200 万元政府补助的用途。[①] 前期对于政府补助这一问题的研究集中于从企业层面探讨其社会绩效和经济绩效,但就高管层面探讨高管行为如何影响政府补助获取及其分配机制的文献尚不多见。

理性经理人获取政府补助收益而增加的效用首先体现于自身薪酬水平的提升。最优契约理论认为,在现代公司制企业特有的所有权与经营权分离模式下,为了更好地激励股东代理人,高管薪酬契约的合理制定十分重要。Murphy(1985)指出,企业经营状况直接影响高管薪酬。企业业绩是评定高管薪酬的重要标准,业绩越好的企业其高管薪酬越高。而权小锋等(2010)的研究表明,代理理论框架下,企业内部存在非效率因素使得薪酬契约偏离最优状态,高管倾向于利用各种手段干预薪酬契约的制定与执行。Morse 等(2011)进一步指出,可使用的手段包括设计有利于私利获取的考核指标、通过权力攫取企业资源等。政府补助的获得,一方面使得企业收入增加,这在一定程度上提升了企业业绩;另一方面使得企业得到更多资源,增加了高管可支配的资源数量。而这二者都可能改变高管可以获得的薪酬从而影响政府补助发放的最终效果。中国正处于经济转型阶段,各种正式制度尚不健全,企业需要通过非正式手段获得政策性资源来缓解融资约束(李后建,2014)。寻租活动是处于法治不健全的发展中国家企业获得政策性资源的一个重要非正式手段(Hellman 等,2003;Chen 等,2011),这一手段在中国的运用得到了广泛证实(余明桂等,2010;杜兴强等,2012;魏志华等,2015)。从企业的角度看,寻租活动是高管个人能力或资本的体现,也是高管人力资本付出的过程;而通常寻租与权力密不可分(桂林等,2012),因此从高管个人角度看,寻租活动又是一种其在企业中拥有权力的表征。基于寻租活动中高管个人

[①] 中华人民共和国中央人民政府官方网站:http://www.gov.cn/xinwen/2017 - 06/23/content_5204961.htm.

资本投入的薪酬增加现象可被看作高管的人力资本回报；基于寻租者权力地位干预的薪酬增加现象可被理解为高管对寻租所得的权力攫取。权力攫取机制下的政府补助效率会受到极大损害（江新峰和张敦力，2017）。

政府补助的"软约束"问题为企业机会主义行为提供空间（步丹璐和王晓艳，2014），而中国人交往中的"关系"至上原则又使得寻租活动较为常见。在这种背景下，本文首先探讨了政府补助对高管薪酬的影响，并对高管寻租行为在这一过程中的作用进行研究；进而从寻租活动的本质出发，探讨政府补助对高管薪酬的影响是基于高管人力资本的回报抑或高管对企业资源的权力攫取这一问题。研究结果表明，企业获得的政府补助有助于提升高管薪酬水平，并且这一现象在寻租力度较大的企业中更为显著。进一步研究表明，企业内部控制制度能够抑制寻租活动对政府补助提升高管薪酬水平的影响。最后，寻租活动降低了高管薪酬契约的有效性。

本文的主要贡献可能体现在以下几个方面：（1）本文从高管薪酬契约这一视角考察了政府补助的经济后果。以往研究主要从经济绩效、社会绩效等角度对政府补助的经济后果进行检验，而讨论政府补助对于高管薪酬是否具有积极作用的文献较少，本文的研究拓展了前期学者对政府补助经济后果的探讨。（2）本文研究发现高管寻租导致政府补助流向出现偏差，同时降低了高管薪酬契约有效性，建立了政府补助、寻租以及高管薪酬三者之间逻辑关系的分析思路，并通过高管寻租行为背后的人力资本付出与权力攫取的竞争性研究探讨了影响高管薪酬的主要作用机制及其经济后果，为更深刻地理解寻租行为提供思路。（3）本文将企业内部控制质量纳入分析框架，揭示了企业内控制度对抑制高管薪酬非效率影响因素的重要作用，不仅丰富了内部控制领域的相关文献，而且为企业提升高管薪酬契约有效性的实践效果提供了依据。

二、理论分析与研究假设

（一）政府补助与高管薪酬水平

高管天价薪酬事件曝光以来，高管薪酬相关问题受到了越来越多学者的关注。前期研究主要涉及高管薪酬与企业业绩的关系、高管薪酬契约有效性是否受到其他因素的干扰等方面。研究表明，CEO对于使用哪个维度的指标来衡量公司业绩更有利了然于心，因此他们可以任意选择有利于提升自身薪酬的指标作为薪酬考评指标（Morse等，2011）。Bebchuk等（2002）指出，由于董事会、经理人市场、资本市场以及股东大会中存在内生缺陷，现实生活中高管薪酬契约往往被管理者控制。这种现象在民营上市公司中更加普遍，公司高管往往由股东或其亲属担任，这就增加了公司高管自定考核指标的可能。就政府补助而言，政府补助的无偿性特点决定了它是影响公司业绩的外生变量，它不能准确反映作为股东利益代表的高管是否真正努力经营企业从而为股东创造更大的价值，并且该变量也具有一定的可操控性。会计处理上，涉及政府补助问题时，企业一般将其确认为营业外收入计入当期损益。毋庸置疑，政府补助对于迅速提高公司的短期业绩有着举足轻重的作用。譬如唐清泉和罗党论（2007）、孔东民和李天赏（2014）研究发现，基于中国的特殊制度背景，政府补助可以通过提升企业业绩帮助企业迅速扭亏。孔东民和李天赏（2014）还发现，政府补助对于提升公司绩效具有积极作用并且民营企业在利用政府补助提高经营绩效方面的能力更强。现有研究表明，中国上市公司中高管薪酬往往与企业确定的业绩指标直接挂钩（方军雄，2009；陈胜蓝和卢锐，2012）。因此，在业绩决定高管薪酬而企业高管有能力决定业绩考核指标的背景之下，企业获得的政府补助越多，高管就会获得越高的薪酬。

另外，企业获得的政府补助越多，则企业可供分配的资源越多。吕长江和赵宇恒（2008）指出，企业高管会利用各种途径占用企业资源从而谋求不同形式的私有收益。辛清泉等（2007）研究了企业拥有的自由现金流量与过度投资之间的关系，结果表明，高管倾向于利用企业的自由现金流进行过度投资。他们有动机和能力通过不断投资扩大企业规模的途径建造企业帝国，增加在职消费。就高管薪酬而言，研究表明，契约缔结成本的存在使得薪酬契约偏离最优状态，高管能够采取种种手段干预薪酬契约的制定与执行，从而利用企业资源提升自身薪酬水平（权小锋等，2010）。而由于政府补助发放后监督不到位导致其具有"软约束"的特征，使得企业高管拥有很大的支配、决策空间，进一步异化了政府补助的实际应用（步丹璐和王晓艳，2014）。因此，当企业获得补助后，对于具有理性经济特性的公司管理者而言，他们有动机和条件利用从政府手中取得的资源发放薪酬以提升自身效用水平（赵宇恒和孙悦，2014）。基于以上分析，本文提出如下假设：

H1：其他条件不变情况下，企业获得政府补助会提升高管薪酬。

（二）政府补助与高管薪酬契约：考虑高管寻租

政府补助是政府进行宏观调控的常用手段之一，它反映了政府对企业的资源配置情况。Hellman等（2003）研究表明，由于正式制度的缺失，在许多经济转型国家中"俘获政府"的现象十分普遍，企业为了实现自身利益最大化，会通过各种途径影响政府法律、法规和规章的制定。现阶段，中国政府在决定向企业提供政府补助时具有较强的弹性，政府补助缺乏明确的法律或制度规范，授予补贴的标准也存在模糊性和任意性，这为企业中高管的寻租活动提供了一定的空间。余明桂等（2010）对民营上市公司的研究表明，与地方政府存在政治关联的民营企业确实能够获得较多的政府补助，研究结果支持民营企业建立政治联系的寻租假设。寻租理论认为，上市公司为获得融资便利、政府补助、税收优惠和宽松的治理环境等优势或资源，通常具有与政治家联盟的动机，以此影响政治环境和政治过程从而获取租金（Shleifer和Vishny，1994；Morck等，2004）。中国正处于经济转型时期，缺乏健全的政府补助法律法规制度以及规范的政府补助流程，因此对上市公司而言，寻租活动成为企业影响政府决策与获取政府补助的一条捷径。相关研究表明，中国企业，尤其是民营企业政府资源的获得通常是企业高管寻租行为的结果（Chen等，2011；杜兴强等，2012）。

在人力资本理论看来，薪酬既是对个体人力资本付出所进行的补偿，也是个体人力资本收益权得以实现的主要手段（李四海等，2015）。人力资本理论常被视为高管薪酬决定的一个重要解释。人力资本是对生产者进行教育、培训等直接支出与生产者由于接受教育所发生的机会成本等投资所形成的一种以增值性为特征的能力，它是附着在个体身上的非物质资本。苏方国（2011）指出，以个体为研究对象，人力资本与高管薪酬之间呈现显著的正相关关系。个人薪酬是由其人力资本决定的，人力资本付出越多，薪酬应当越高。从企业层面看，高管寻租活动可以理解为高管对自身掌握的知识与技能的运用。高管通过寻租与政府建立良好的关系来争取更多的政府补助，从而为企业发展带来稀缺资源。这是高管人力资本付出的一种重要体现，因此在人力资本理论框架的解释之下，高管寻租活动可能使得所获租金更多流向自身薪酬。

建立在代理理论基础之上的管理者权力理论认为，管理层有可能凌驾于董事会之上，权力控制下的薪酬契约反而变成代理问题的一部分。Bebchuk等（2002）研究表明高管会利用他们的权力来提高薪酬。代理理论将企业管理者视为寻求自身利益最大化的"寻利者"，在这一假定下，权力越大的高管越能够任意分配企业资源，这就使得通过寻租获得的政府补助更可能被用于发放薪酬。罗宏等（2014）探讨了政府补助与高管超额薪酬之间的关系，他们认为在管理者权力干扰下，政府补助往往偏离其原有的社会功能取向而沦为特殊集团谋取私利的工具，经理人有动机基于自身权力控制谋取私利。而高管权力与寻租行为密切相关，参与寻租过程的高管在企业中往往拥有很大的权力（桂林等，2012）。在这一概念框架下，Li等（2017）探明了政府补助如何在寻租高管的权力干预下提升自身的超额薪酬。超额薪酬通常与企业经营业绩无关，是企业内部代理问题的一个重要表现形式（郑志刚等，2012），超额薪酬的获取反映了寻租高管利用权力对寻租所得的干预。因此就高管薪酬而言，在管理者权力理论框架的解释之下，参与寻租过程的权力型高管会通过非效率的权力干预提升自身薪酬水平。

由上文分析可以知道，基于寻租活动中高管个人资本投入的薪酬增加现象可被看作高管的人力资本回报；而基于寻租者权力地位干预的薪酬增加现象可被理解为高管对寻租所得的权力攫取。但是不论是基于人力资本理论的解释还是基于管理者权力理论的解释，考虑高管寻租行为，企业获得的政府补助会进一步提升高管薪酬。因此，本文认为，高管寻租行为的存在使得政府补助对其薪酬的提升作用增加。基于以上分析，本文提出如下假设：

H2：其他条件不变情况下，寻租活动增加了政府补助对高管薪酬的提升作用。

三、研究设计

（一）样本选择与数据来源

本文选取 2007~2014 年中国沪深两市 A 股民营上市公司作为初始样本，研究政府补助对高管薪酬的影响，并且考虑到中国正处于经济转型阶段，各种正式制度尚不健全，企业需要通过非正式手段获得政策性资源来缓解融资约束，寻租活动是企业获得政策性资源的一个重要的非正式手段，并在中国得到广泛证实。因此，本文着重考察了高管寻租行为在政府补助与高管薪酬之间发挥的作用及其作用机制。本文选择民营企业作为研究样本的原因在于，国有企业与政府之间有与生俱来的关联关系，各种政策、资源往往更偏向国有企业，而民营企业要想获得持续发展则需要通过自身的各种尝试与努力。在社会主义国家中，国有企业比民营企业承担了更多的社会性负担，这在一定程度上会带来企业的预算软约束问题，从而使得国有企业可以轻易获得更多的政府补助（林毅夫和李志赟，2004）。杜兴强等（2012）的研究表明，民营企业往往难以像国有企业那样获得来自政府的保护，通常更有动机利用寻租行为来应对市场、政府和法律的失效，通过这一途径去缓解制度保障的缺失给企业带来的发展障碍，从而获得企业发展所需要的稀缺资源。因此，本文重点考察了民营企业获得稀缺资源途径之一的寻租行为。

本文上市公司财务数据来自于国泰安数据库，高管寻租与政府补助数据通过数据库查询和手工搜索财务报表附注得到。参考前期相关文献，本文对初始样本进行了如下筛选：剔除了被特别处理的公司、金融业公司、上市时间不足一年的公司以及有数据缺失的公司。为了控制极端值对回归结果的影响，本文对连续型变量进行了上下1%分位数的缩尾处理。

（二）检验模型与变量定义

为了检验政府补助是否能够提升高管薪酬，即 H1，本文构建回归方程（1）。

$$Wage = \beta_0 + \beta_1 Sub + \beta Control + \sum YEAR + \sum IND + \varepsilon \tag{1}$$

为了检验高管寻租行为在政府补助与高管薪酬之间关系中发挥的作用，即 H2，本文构建回归方程（2）。

$$Wage = \beta_0 + \beta_1 Sub + \beta_2 RS \times Sub + \beta_3 RS + \beta Control + \sum YEAR + \sum IND + \varepsilon \tag{2}$$

回归方程（1）中 Wage 表示高管薪酬，高管薪酬主要包括货币薪酬和股权激励两部分，但是由于中国股权激励计划实施较晚，高管持股比例低、零持股的现象较为普遍（李增泉，2000），因此，本文以高管货币薪酬作为高管薪酬衡量指标，并且借鉴方军雄（2009）的做法，以上市公司高管前三名薪酬总额进行衡量，同时使用营业收入进行标准化。Sub 表示政府补助水平，借鉴唐清泉和罗党论（2007）的研究思路，本文以 100×政府补助/营业收入对其进行衡量。回归方程（2）中 RS 为寻租行为表征变量。Cai 等（2011）指出了以业务招待费作为高管寻租行为替代变量的合理性，并且该指标得到了黄玖立和李坤望（2013）以及魏志华等（2015）的认可。因此本文借鉴上述学者的研究方法，采用企业管理费用中的业务招待费来对高管寻租行为进行度量。同时，中国税法规定，业务招待费支出税前扣除的比例不得超出当年营业收入的 0.5%，现实操作中，部分企业存在将业务招待费通过会务费明细科目进行列支的潜规则。因此，借鉴魏志华等（2015）的做法，本文同时采用两个指标 RS_1 和 RS_2 对寻租行为进行衡量。其中，RS_1 = 业务招待费×100/营业收入；RS_2 =（业务招待费＋会务费）×100/营业收入。为减少模型中可能存在的多重共线性问题，本文在对模型 2 进行回归前对寻租和政府补助变量进行了中心化处理。Control 为借鉴已有文献（魏志华等，2015；罗宏等，2014；郭剑花和杜兴强，2011）选取的控制变量，包括企业规模（Size）、现金持有量（Cash）、盈利能力（ROA）、财务杠杆（Lev）、成长能力（Growth）、第一大股东持股比例（First）、两职合一（Dual）、企业上市年限（Stime）、地区经济发展水平（GDP）等。另外，本文还构造行业与年度虚拟变量对年度效应与行业效应进行控制。本文变量定义见表 1。

表 1　　　　　　　　　　　　　　变量定义

变量符号	变量名称	变量定义
Wage	高管薪酬	100×高管前三名薪酬总额/营业收入
Sub	政府补助	100×政府补助/营业收入
RS_1	寻租	100×招待费/营业收入
RS_2	寻租	100×（招待费＋会务费）/营业收入
Size	企业规模	企业总资产的自然对数
Cash	现金持有量	企业货币资金持有量/企业总资产
ROA	盈利能力	企业净利润/企业总资产
Lev	财务杠杆	企业负债总额/企业总资产
Growth	成长能力	企业营业收入增长率
First	第一大股东持股比例	企业第一大股东持股比例
Dual	两职合一	董事长是否兼任总经理虚拟变量，兼任时取 1，否则取 0
Stime	企业上市年限	企业上市以来经历的时间
GDP	地区经济发展水平	企业所在省份的人均 GDP
YEAR	年度	虚拟变量，当处于该年度时为 1，否则为 0
IND	行业	虚拟变量，当处于该行业时为 1，否则为 0

四、实证结果与分析

（一）描述性统计

表2列示出了本文变量的描述性统计特征，其中，高管薪酬（Wage）变量均值为0.1873，这表明，平均而言，企业使用占营业收入0.1873%的资金发放高管薪酬，然而该变量最大值达到16.4814，与平均值相差较大，探讨其中是否存在政府补助乃至高管寻租活动的影响很有必要。政府补助（Sub）变量的均值为1.3387，这说明企业获得的政府补助占营业收入的比值平均为1.3387%，民营企业从政府手中获得了一定规模的补助。该指标最小值为0.0024%，最大值为11.4299%，由此可见，政府补助的获取数量在不同民营企业中存在异质性。就高管寻租行为的两个表征变量（RS_1与RS_2）而言，其差异相对较小，均值分别为0.3447和0.3730。这意味着平均而言，企业花费占当期营业收入0.3447%的金额作为业务招待费，花费占当期营业收入0.373%的金额作为业务招待费和会务费，两者统计数值均低于中国税法规定的可税前扣除金额下限。从企业盈利能力看，总资产收益率（ROA）为4.23%；从高管控制权看，32.84%的民营企业中董事长兼任总经理，第一大股东持股比例（First）为33.31%，符合前期文献研究结论。

表2　　变量的描述性统计

变量	样本	均值	标准差	最小值	最大值	中位数
Wage	3015	0.1873	0.4797	0.0003	16.4814	0.1053
Sub	3015	1.3387	1.9106	0.0024	11.4299	0.6611
RS_1	3015	0.3447	0.4173	0.0151	3.0170	0.2177
RS_2	3015	0.3730	0.4543	0.0151	3.1511	0.2319
Size	3015	21.5926	0.9592	19.0115	25.4592	21.4848
Cash	3015	0.2365	0.1671	0.0006	0.8139	0.1913
ROA	3015	0.0423	0.0525	-0.2675	0.1932	0.0390
Lev	3015	0.3983	0.2047	0.0477	0.9642	0.3909
Growth	3015	0.4271	1.3837	-0.8907	13.7764	0.1346
First	3015	0.3331	0.1448	0.0789	0.7143	0.3103
Dual	3015	0.3284	0.4697	0	1	0
Stime	3015	7.5383	5.3809	2.0027	24.0493	5.0192
GDP	3015	5.5772	1.9545	1.2963	9.7300	5.4324

(二) 回归结果分析

对回归方程（1）与回归方程（2）的回归结果列示于表3。从所有回归的调整 R^2 以及 F 统计量来看，回归拟合优度较好，并且总体显著。所有模型的因变量均为高管薪酬（Wage）。模型1考察了企业获得的政府补助对高管薪酬的影响，也即回归方程（1）的回归结果。模型2与模型3进一步考察了高管寻租在这一过程中发挥的作用，也即回归方程（2）的回归结果。通过对模型1进行分析可知，政府补助变量（Sub）的回归系数在1%的显著性水平上为正，这意味着企业政府补助的获得在一定程度上提升了高管薪酬，H1得到经验证据的支持。模型2与模型3在模型1的基础上加入了高管寻租行为（RS）与政府补助（Sub）的交乘项。其中，模型2以 RS_1 衡量高管寻租，模型3以 RS_2 衡量高管寻租。通过对模型2进行分析可知，政府补助（Sub）的回归系数在10%的显著性水平上为正，这证明了企业获得政府补助对高管薪酬提升作用的稳健性。高管寻租行为表征变量（RS_1）与政府补助（Sub）的交乘项则在1%的显著性水平上为正，这表明，考虑高管寻租，政府补助对高管薪酬的提升作用进一步增加，也即高管寻租行为增强了政府补助对其薪酬的提升作用。模型3以 RS_2 作为高管寻租行为的表征变量，通过分析可知，与模型2所得结论一致，高管寻租同样提升了政府补助对其薪酬的提升作用。至此，本文 H2 得到了经验证据的支持。

表3　　　　　　　　　　　政府补助、寻租与高管薪酬

变量	模型1 Wage	模型2 Wage	模型3 Wage
Sub	0.0314*** (6.8590)	0.0085* (1.8779)	0.0087* (1.9083)
$RS_1 \times Sub$		0.0299*** (4.5945)	
RS_1		0.3839*** (17.4227)	
$RS_2 \times Sub$			0.0318*** (5.1349)
RS_2			0.3361*** (16.5543)
Size	-0.1096*** (-9.8279)	-0.0795*** (-7.5365)	-0.0805*** (-7.6029)

续表

变量	模型 1 Wage	模型 2 Wage	模型 3 Wage
Cash	0.1665***	0.1082**	0.1019*
	(2.8904)	(2.0113)	(1.8846)
ROA	-1.0574***	-0.4895***	-0.5359***
	(-5.7430)	(-2.8165)	(-3.0727)
Lev	-0.2089***	-0.1298**	-0.1304**
	(-3.3759)	(-2.2406)	(-2.2402)
Growth	-0.0090	-0.0107*	-0.0107*
	(-1.3913)	(-1.7710)	(-1.7705)
First	-0.0874	-0.0343	-0.0428
	(-1.4406)	(-0.6059)	(-0.7511)
Dual	0.0074	0.0015	0.0001
	(0.4104)	(0.0906)	(0.0078)
Stime	0.0061***	0.0032*	0.0033*
	(3.3112)	(1.8445)	(1.8743)
GDP	0.0143***	0.0117***	0.0128***
	(3.0055)	(2.6404)	(2.8676)
Cons	2.6976***	1.9648***	1.9997***
	(11.8282)	(9.0603)	(9.1832)
YEAR	YES	YES	YES
IND	YES	YES	YES
N	3015	3015	3015
Adj. R2	0.1182	0.2337	0.2264
F	13.6213***	28.0366***	26.9445***

注：括号内数据为对应 t 值，*、**、*** 分别表示在10%、5%、1%的显著性水平上显著，下文同。

（三）稳健性检验

上文研究发现，企业政府补助的获得显著提升了高管薪酬，并且高管寻租行为进一步加剧了这一现象。为保证本文结论的稳健性，本文进行了如下稳健性检验。

1. 考察高管寻租与政府补助获取之间的关系。本文在进行 H2 的分析时指出，高管寻租行为对高管薪酬的影响存在基于人力资本理论的高管能力回报和基于管理者权力理论的高管资源攫取两种解释。这一结论的得出存在一个前提——高管寻租行为确实能够为企业带来政府补助。这里对二者之间的关系进行了研究，考虑到可能的内生性问题，本文以企业获得的政府补助为自变量，以滞后一期的企业寻租变量为自变量进行回归，通过回归发现，控制其他因素，不论以何种指标衡量高管寻租行为，其与政府补助之间均在 1% 的显著性水平上存在正向相关关系。这说明，高管寻租活动能够帮助民营企业获得更多的政府补助。另外，借鉴李四海等（2015），罗宏等（2014）对高管超额薪酬的研究思路，本文进一步考察了高管寻租与企业获得的超额政府补助的关系。具体而言，借鉴前期文献中有关企业政府补助获取影响因素的研究（郭剑花和杜兴强，2011；逯东等，2012）构造如下回归方程。

$$Sub = \beta_0 + \beta_1 Size + \beta_2 Cash + \beta_3 ROA + \beta_4 Lev + \beta_5 First + \beta_6 Growth + \beta_7 Stime + \beta_8 Connect + \beta_9 Staff + \beta_{10} GDP + \sum Ind + \sum YEAR + \varepsilon \quad (3)$$

$$Sub\_excess = Sub - ExpectedSub \quad (4)$$

回归方程（3）中，变量 Connect 为企业政治关联虚拟变量，若企业董事长曾经或在样本年度任职于政府部门、人民代表大会则取 1，否则取 0；变量 Staff 为企业员工人数。其余变量定义与上文一致。

本文首先对回归方程（3）进行回归获得各个变量的系数，进而带入各个变量值以获得企业的期望政府补助，最后通过回归方程（4）采取政府补助实际值与期望值相减的方式获得企业获得的超额政府补助。考虑到由于无法囊括影响政府补助获取的所有因素，回归方程（3）所得残差代表的超额补助在一定程度上存在噪音。基于稳健性考虑，参考 Demerjian 等（2012）的研究思路，本文同时利用回归方程（3）回归所得残差的三分位数划分三个超额补助等级，从低到高依次赋值为 1、2、3，构造变量 Oversub 进行稳健性检验。

考察高管寻租行为与企业获得的超额政府补助的回归结果列于表 4。其中，模型 1 与模型 2 以连续变量 Sub_excess 作为因变量，模型 3 与模型 4 以等级变量 Oversub 作为因变量，寻租变量同样取滞后一期数据以缓解可能的内生性问题。通过对模型 1 与模型 2 进行分析可知，不论以何种变量衡量高管寻租，其与企业获得的超额政府补助（Sub_excess）之间均具有显著的正向相关关系（显著性水平均为 1%）。同时对模型 3 与模型 4 进行分析同样可以得到一致的结论。这一回归结果意味着，民营企业中的高管寻租行为不仅帮助企业获得了政府补助,而且使得企业获得的政府补助超出正常所需,这在一定程度上为寻租高管获得薪酬的提升提供了资源基础。

表4　　　　　　　　　　　高管寻租与超额补助

变量	模型1 Sub_excess	模型2 Sub_excess	模型3 Oversub	模型4 Oversub
RS_1	0.7748***		0.2742***	
	(8.1887)		(6.6317)	
RS_2		0.7099***		0.2587***
		(8.0684)		(6.7336)
Size	0.0025	0.0010	−0.0496**	−0.0503**
	(0.0488)	(0.0190)	(−2.2320)	(−2.2563)
Cash	−0.0217	−0.0512	−0.2175*	−0.2277**
	(−0.0840)	(−0.1972)	(−1.9234)	(−2.0095)
ROA	0.8403	0.8368	1.3393***	1.3731***
	(1.0094)	(1.0013)	(3.6821)	(3.7635)
Lev	0.2084	0.2279	0.6269***	0.6408***
	(0.7518)	(0.8189)	(5.1757)	(5.2753)
Growth	0.1423	0.1237	0.3530***	0.3519***
	(0.5306)	(0.4608)	(3.0126)	(3.0034)
First	0.0125	0.0124	0.0086	0.0080
	(0.4153)	(0.4138)	(0.6546)	(0.6101)
Stime	−0.0282	−0.0267	0.0074	0.0083
	(−1.3681)	(−1.2887)	(0.8219)	(0.9155)
GDP	−0.0094	−0.0096	−0.0085**	−0.0088**
	(−1.1484)	(−1.1662)	(−2.3730)	(−2.4517)
Cons	−0.7246	−0.5073	2.5742***	2.8304***
	(−0.4426)	(−0.3467)	(3.5983)	(4.4300)
YEAR	控制	控制	控制	控制
IND	控制	控制	控制	控制
N	2526	2518	2526	2518
Adj. R2	0.0210	0.0201	0.0706	0.0704
F	2.5893***	2.5213***	6.6428***	6.6070***

2. 替换关键变量进行回归。第一，本文以高管薪酬差分作为因变量，考察政府补助对高管薪酬的影响，发现政府补助的获取能够提高高管薪酬，且寻租力度较大的企业中这种现象更加显著。上文研究结论未发生改变。第二，本文以企业董事、监事和高级管理人员年薪总额代表高管薪酬对回归方程（1）与回归方程（2）进行重新回归并将回归结果列于表5，分析可知，上文结论未发生改变。第三，本文参考许罡等（2012）的做法，以高管政治关联作为高管寻租的替代变量对回归方程（2）进行回归，考察高管寻租如何影响政府补助对高管薪酬的影响，发现以政治关联代表的高管寻租同样能够提升政府补助对高管薪酬的正向影响。第四，考虑到以营业收入规模化的高管薪酬水平存在极差较大的问题，可能对回归结果产生影响，本文对高管薪酬变量进行对数化处理，并作为因变量进行模型1与模型2的回归，所得结论与上文一致。

表5　　　　　　　　　政府补助、寻租与高管薪酬：稳健性检验

变量	模型1 Wage	模型2 Wage	模型3 Wage
Sub	0.0750***	0.0224**	0.0220**
	(7.8938)	(2.3815)	(2.3514)
$RS_1 \times Sub$		0.0891***	
		(6.9751)	
RS_1		0.6831***	
		(16.2943)	
$RS_2 \times Sub$			0.0862***
			(6.4208)
RS_2			0.7845***
			(17.2510)
$Cons$	5.5426***	4.1248***	4.0491***
	(11.7000)	(9.1731)	(9.0467)
YEAR	YES	YES	YES
IND	YES	YES	YES
N	3015	3015	3015
Adj. $R2$	0.1291	0.2449	0.2528
F	14.9629***	29.7566***	30.9931***

3. 避免多重共线性的分组回归分析。考虑到上文通过构造交乘项的方式考察高管

寻租对政府补助获得与高管薪酬提升之间关系的影响可能存在多重共线性问题，本部分我们以高管寻租水平中位数为标准划分两个子样本进行分别回归检验，考察不同寻租水平的公司样本中政府补助对高管薪酬的提升作用。结果显示，不论以何种指标衡量高管寻租，在寻租水平较高组，政府补助与高管薪酬之间的正向关系在经济意义上更加显著。证明上文结论的稳健性。

4. 考虑样本年度内重大事件影响的分析。考虑到2012年中共中央政治局做出的《中共中央政治局关于改进工作作风密切联系群众的规定》可能对企业高管通过业务招待途径进行寻租产生影响，本文将样本年度限制在2007~2011年对回归方程（1）与回归方程（2）进行回归，所得结论未发生改变。

5. 排除其他解释的实证分析。本文研究发现，政府补助的获取有助于提高高管薪酬，并且寻租活动加剧了这种现象。上文从高管层面对这一现象进行了解读，那么政府补助提升高管薪酬的现象是否可能是企业固有制度安排导致？也即政府补助提升了企业业绩，进而提升了高管薪酬。对此，我们针对业绩下滑企业样本进行了回归方程（1）和回归方程（2）的实证分析。业绩下滑企业中，高管薪酬本不应该增加，但是实证结果发现，政府补助与高管薪酬之间的正相关关系依然显著，说明中国上市公司中政府补助对高管薪酬的提升作用并不是以企业业绩增长为条件的；同时这种关系在寻租程度高的企业中更加显著的结论也未发生改变。这样的实证结果基本可以排除由于政府补助导致业绩增加进而提升高管薪酬的解释。

五、拓展性分析

（一）高管寻租与高管薪酬：人力资本回报还是高管权力攫取？

上文结论表明，高管寻租行为的存在加剧了政府补助对其薪酬的提升作用。理论分析认为，基于人力资本理论的高管能力回报和基于管理者权力理论的高管资源攫取都可能导致这一结果。那么，哪一种作用机制能够更好解释寻租作用下的政府补助对高管薪酬的提升现象？为了对这一问题进行探讨，本文从企业制度入手，将企业内部控制纳入分析框架，考察企业内部控制对高管寻租作用下政府补助提升高管薪酬的影响。Jensen（1993）的研究表明，企业内部控制系统能够起到监督管理者行为并且最小化代理成本的作用，它在公司内部具有重要的治理功能。这一结论得到了Lambert（2007）的认可，并且这位学者进一步指出，良好的内部控制系统能够降低公司管理者侵占公司资源的比例。张国清等（2015）发现，高质量的内部控制可以将一系列制度安排内化于企业之中，从而实现董事会、监事会、管理层之间的制衡以防范缓解代理问题。本文认为，管理者权力干预下的政府资源攫取是企业代理人与委托人之间代理问题的重要表现，如果寻租作用下高管薪酬的提升原因在于权力攫取，则企业内部控制应当对这一现象具有显著抑制作用。而管理者人力资本得到回报则是企业效率的体现，如果寻租作用下高管薪酬的提升原因在于人力资本回报，则企业内部控制应当不会对这一现象产生显著影响。

根据上述分析，本文进一步将企业内部控制质量纳入分析框架，构造寻租、政府补助与企业内部控制质量的交乘项对高管薪酬进行回归。具体的检验方程构造如下：

$$Wage = \beta_0 + \beta_1 Sub + \beta_2 RS \times Sub + \beta_3 RS \times Sub \times NK \\ + \beta_4 RS + \beta_5 NK + \beta Control + \sum YEAR + \sum IND + \varepsilon \quad (5)$$

回归方程（5）中，NK 为企业内部控制质量变量。本文以迪博·中国上市公司内部控制指数作为衡量内部控制质量的替代变量，其余变量定义与上文一致。进行回归之前，我们对迪博内部控制指数进行了统计，发现其样本数为3009，均值为667.446，中位数为679.380，最大值为951.870。为与本文其他变量数据数量级匹配，回归中，我们将迪博内部控制指数缩小到原来的百分之一。对回归方程（5）的回归结果列于表6。从所有回归的调整 R^2 以及 F 统计量来看，回归拟合优度良好，并且总体显著。其中，模型1以 RS_1 变量衡量高管寻租行为，模型2以 RS_2 变量衡量高管寻租行为。模型1中，高管寻租（RS_1）与政府补助（Sub）的交乘项仍然在1%的显著性水平上为正，证明了上文结论的稳健性。同时可以看到，寻租、政府补助和内部控制质量的交乘项系数（$RS_1 \times Sub \times NK$）在1%的显著性水平上显著为负，这表明，考虑企业内部控制制度，内部控制质量越高，则寻租作用下政府补助对高管薪酬的提升作用越小。对模型2进行分析也可以得到一致的结论，内部控制机制显著制约了高管寻租对企业政府补助薪酬提升作用的影响。通过这一结果可知，寻租作用下政府补助对高管薪酬的提升更多源自于参与寻租过程的高管利用权力对企业资源的攫取，本应被应用于提升企业经营竞争能力的政府补助却成为寻租者的"分红盛宴"。

表6　　　　　高管寻租与高管薪酬：人力资本回报还是高管权力攫取

变量	模型1 Wage	模型2 Wage
Sub	0.0114***	0.0110***
	(2.9400)	(2.7926)
$RS_1 \times Sub$	0.2280***	
	(27.2318)	
$RS_1 \times Sub \times NK$	-0.3598***	
	(-27.3863)	
RS_1	0.3225***	
	(17.7669)	

续表

变量	模型 1 Wage	模型 2 Wage
$RS_2 \times Sub$		0.2212***
		(27.4779)
$RS_2 \times Sub \times NK$		-0.3457***
		(-27.2464)
RS_2		0.2796***
		(16.6540)
NK	0.4430***	0.4388***
	(5.1779)	(5.1000)
Cons	1.5472***	1.5859***
	(10.3786)	(10.5816)
YEAR	YES	YES
IND	YES	YES
N	3009	3009
Adj. R^2	0.4353	0.4281
F	65.4049***	63.5466***

为了减弱可能存在的共线性问题对上述结论的影响，我们根据企业内部控制质量中位数划分高内部控制质量和低内部控制质量子样本，对不同分组内的高管寻租对政府补助提升高管薪酬的调节作用进行了检验。结果表明，在内部控制质量较低分组中，高管寻租显著提升了政府补助对高管薪酬的提升作用，而在内部控制质量较高的分组中，这一结果不显著。与上文结论一致，这表明这一结论是稳健的。

（二）高管寻租与薪酬业绩敏感性

薪酬业绩敏感性是衡量高管薪酬契约有效性的指标，高管薪酬与业绩之间的敏感性越小，则薪酬契约有效性越差。高管寻租作用下的政府补助会用于高管薪酬的提升，而这一过程的作用机制更多体现在进行寻租的高管的权力攫取，这种状态反映了高管薪酬契约的低效甚至无效。那么，寻租行为是否会对高管薪酬契约的有效性产生负面影响？本文通过回归方程（6）进行了检验。

$$Wage = \beta_0 + \beta_1 ROE + \beta_2 RS \times ROE + \beta_3 RS + \beta Control + \sum YEAR + \sum IND + \varepsilon$$
(6)

回归方程（6）中变量定义与前文一致，考虑到企业总资产收益率（ROA）与企业业绩（ROE）具有较强共线性，回归中未加入总资产收益率。回归结果列于表7。

表7中，因变量Wage为企业高管前三名薪酬总额在营业收入中的比重。通过对表7进行分析可知，不论以何种指标表示高管寻租，企业业绩变量（ROE）的回归系数与高管薪酬变量（Wage）均具有显著的正相关关系，这说明，就中国民营企业而言，高管薪酬契约总体有效。但是，寻租变量（RS）与企业业绩（Sub）的交乘项在模型1中以1%的显著性水平为负，在模型2中同样以1%的显著性水平为负。这表明考虑高管寻租行为，企业业绩与高管薪酬之间的敏感性显著降低，高管寻租行为的存在使得高管薪酬契约有效性大打折扣。

表7 高管寻租与薪酬业绩敏感性

变量	模型1 Wage	模型2 Wage
ROE	0.2143**	0.2413***
	(2.4884)	(2.8437)
$RS_1 \times ROE$	-0.3869***	
	(-3.6343)	
RS_1	0.5192***	
	(18.9875)	
$RS_2 \times ROE$		-0.3647***
		(-3.2428)
RS_2		0.6058***
		(19.8517)
Cons	2.4530***	2.4704***
	(3.9052)	(3.9666)
YEAR	YES	YES
IND	YES	YES
N	3015	3015
Adj. R^2	0.3303	0.3412
F	32.9731***	34.6357***

回归方程（6）以水平模型考察了高管寻租对高管薪酬契约有效性的影响，本文同时使用差分模型进行了回归检验，结论并未改变。

六、研究结论与政策建议

政府补助作为政府调节宏观经济的主要工具和手段，它的最终目的是为了实现预期政治与经济目标（步丹璐和王晓艳，2014）。近年来，中国对上市公司的政府补助力度加大，其实施效果如何备受学术界和实务界的关注。本文选取中国沪深两市A股民营上市公司2007~2014年的数据作为样本，研究了政府补助与企业高管薪酬之间存在的关系。由于中国正处于经济转型时期，缺乏健全的政府补助法律法规，本文在研究二者关系的基础上着重考虑了高管寻租行为的影响。研究结果表明，企业政府补助的获得与高管薪酬之间存在显著的正相关关系，并且高管寻租行为的存在使得这一显著效果更加明显。这反映了高管寻租行为改变了政府补助流向，使其更多被用于发放高管薪酬。进一步研究发现，企业内部控制质量对寻租行为作用下政府补助提升高管薪酬的现象影响显著，企业内部控制质量较差时，寻租行为作用下政府补助提升高管薪酬的效果更为明显。研究还发现，寻租活动降低了高管薪酬与业绩之间的敏感性。这说明，寻租行为增加政府补助对高管薪酬影响的机制更多体现在高管对政府补助流向的权力干预上，本应被应用于提升企业经营竞争能力的政府补助却成为寻租者的"分红盛宴"。受此影响，高管薪酬契约的有效性显著降低。

本文的研究结论对于政府补助的发放以及企业内部高管行为的规范具有重要启示意义。（1）政府补助是一个国家为了鼓励或扶持特定行业、地区或领域的发展而对有关企业进行经济支持的手段，是补充企业资源、扩大企业规模、推动企业发展的助力，而企业高管利用自身权力攫取企业资源从而谋取私利的现象时有发生，这种现象在一定程度上扭曲了资源的最优配置，降低了企业的经营效率。因此，在政府补助发放之时就需要切实规范其用途，实行专款专用。（2）由于目前的政府补助政策不规范，给企业中位高权重的高管提供了自由利用的空间。应当进一步完善政府补助发放后的监督制约机制，有效的监督制约机制能够增加企业的预期成本，从而有助于减少高管违规行为。（3）从企业自身来看，企业应加强公司治理与内部控制制度建设，防止高管将政府补助中饱私囊。企业应更合理地利用政府补助来推动公司的发展，将政府补助用到实处，实现社会效用最大化。

主要参考文献

步丹璐，王晓艳. 2014. 政府补助、软约束与薪酬差距. 南开管理评论，2：23—33。

陈胜蓝，卢锐. 2012. 股权分置改革、盈余管理与高管薪酬业绩敏感性. 金融研究，10：

180—192。

杜兴强, 曾泉, 王亚男. 2012. 寻租、R&D投资与公司业绩——基于民营上市公司的经验证据. 投资研究, 1: 57—70。

方军雄. 2009. 我国上市公司高管的薪酬存在粘性吗?. 经济研究, 3: 110—124。

桂林, 陈宇峰, 尹振东. 2012. 官员规模、公共品供给与社会收入差距: 权力寻租的视角. 经济研究, 9: 140—151。

郭剑花, 杜兴强. 2011. 政治联系、预算软约束与政府补助的配置效率. 金融研究, 2: 114—128。

黄玖立, 李坤望. 2013. 吃喝、腐败与企业订单. 经济研究, 6: 71—84。

江新峰, 张敦力. 2017. 企业寻租与政府补助利用效率——来自企业投资活动的经验证据. 投资研究, 3: 4—18。

孔东民, 李天赏. 2014. 政府补贴是否提升了公司绩效与社会责任. 证券市场导报, 6: 26—31。

李后建. 2014. 制度环境、寻租与企业创新. 重庆大学博士学论文。

李四海, 江新峰, 宋献中. 2015. 高管年龄与薪酬激励: 理论路径与经验证据. 中国工业经济, 5: 122—134。

李增泉. 2000. 激励机制与企业绩效——一项基于上市公司的实证研究. 会计研究, 1: 24—30。

林毅夫, 李志赟. 2004. 政策性负担、道德风险与预算软约束. 经济研究, 2: 17—27。

逯东, 林高, 杨丹. 2012. 政府补助、研发支出与市场价值——来自创业板高新技术企业的经验证据. 投资研究, 9: 67—81。

罗宏, 黄敏, 周大伟, 刘宝华. 2014. 政府补助、超额薪酬与薪酬辩护. 会计研究, 1: 42—48。

吕长江, 赵宇恒. 2008. 国有企业管理者激励效应研究——基于管理者权力的解释. 管理世界, 11: 99—109。

权小锋, 吴世农, 文芳. 2010. 管理层权力、私有收益与薪酬操纵. 经济研究, 11: 73—87。

苏方国. 2011. 人力资本、组织因素与高管薪酬: 跨层次模型. 南开管理评论, 3: 122—131。

唐清泉, 罗党论. 2007. 政府补贴动机及其效果的实证研究——来自中国上市公司的经验证据. 金融研究, 6: 149—163。

魏志华, 吴育辉, 曾爱民. 2015. 寻租、财政补贴与公司成长性. 经济管理, 1: 1—11。

辛清泉, 林斌, 王彦超. 2007. 政府控制、经理薪酬与资本投资. 经济研究, 8: 110—122。

许罡, 朱卫东, 张子余. 2012. 财政分权、企业寻租与地方政府补助——来自中国资本市场的经验证据. 财经研究, 12: 120—127。

余明桂, 回雅甫, 潘红波. 2010. 政治联系、寻租与地方政府财政补贴有效性. 经济研究, 3: 65—77。

张国清, 赵景文, 田五星. 2015. 内控质量与公司绩效: 基于内部代理和信号传递理论的视角. 世界经济, 1: 126—153。

赵宇恒, 孙悦. 2014. 政府补助: 补助了企业还是高管. 现代财经(天津财经大学学报), 10: 15—25。

郑志刚,孙娟娟,Rui Oliver. 2012. 任人唯亲的董事会文化和经理人超额薪酬问题. 经济研究, 12: 111—124。

Bebchuk, L. A., J. M. Fried, & D. I. Walker. 2002. Managerial Power and Rent Extraction in the Design of Executive Compensation. *National Bureau of Economic Research Working Paper.*

Cai, H., H. Fang, & L. C. Xu. 2011. Eat, Drink, Firms, and Government: An Investigation of Corruption from Entertainment and Travel Costs of Chinese Firms. *Journal of Law and Economics*, 54: 55 – 78.

Chen, C. J., Z. Li, X. Su, & Z. Sun. 2011. Rent – seeking Incentives, Corporate Political Connections, and the Control Structure of Private Firms: Chinese Evidence. *Journal of Corporate Finance*, 17 (2): 229 – 243.

Demerjian, P. R., B. Lev, & S. E. McVay. 2012. Quantifying Managerial Ability: A New Measure and Validity Tests. *Management Science*, 58 (7): 1229 – 1248.

Hellman, J. S., G. Jones, & D. Kaufmann. 2003. Seize the State, Seize the Day: State Capture and Influence in Transition Economies. *Journal of Comparative Economics*, 31 (4): 751 – 773.

Jensen, M. C. 1993. The Modern Industrial Revolution, Exit, and the Failure of Internal Control Systems. *The Journal of Finance*, 48 (3): 831 – 880.

Lambert, R., C. Leuz, & R. E. Verrecchia. 2007. Accounting Information, Disclosure, and the Cost of Capital. *Journal of Accounting Research*, 45 (2): 385 – 420.

Li, S. H., H, Wu, & X. F., Jiang. 2017. Rent Seeking and Firm Value: Chinese Evidence. *Business and Politics*, forthcoming.

Morck, R., D. Wolfenzon, & B. Yeung. 2004. Corporate Governance, Economic Entrenchment and Growth. *National Bureau of Economic Research Working Paper.*

Morse, A., V. Nanda, & A. Seru. 2011. Are Incentive Contracts Rigged By Powerful CEOs?. *The Journal of Finance*, 66 (5): 1779 – 1821.

Murphy, K. J. 1985. Corporate Performance and Managerial Remuneration: An Empirical Analysis. *Journal of Accounting and Economics*, 7 (1): 11 – 42.

Shleifer, A., & R. W. Vishny. 1994. Politicians and Firms. *The Quarterly Journal of Economics*, 109 (4): 995 – 1025.

Government Subsidies、Rent – seeking and Executive Compensation

Xinfeng Jiang, Xiaofei Wang

Abstract: Based on the compensation contract theory, this paper studies the effect of government subsidies on executiv compensation and focuses on the role of the executive rent – seeking behavior based on the background of economic transformation. Firstly, we find that the acquirement of government subsidies promotes executive compensation and the existence of rent seeking exacerbates this phenomenon; secondly, internal control quality of corporations is closely related to the phenomenon that government subsidies promote executive compensation by rent seeking. When internal control quality is worse, the phenomenon is more obvious; thirdly, rent seeking reduces the sensitivity between executive compensation and performance. The findings show that the mechanism that government subsidies promote executive compensation by rent seeking is more embodied in the power grab of executives to government subsidies. Under this mechanism, the effectiveness of executive compensation contract significantly reduced. Our paper provides references to find out the reasons of the efficiency loss of government subsidies, and to clarify the mechanism of executive compensation promotion. Also, this paper will help governments to imporve the enterprise subsidy allocation system and help enterprises to design the optimal compensation contract, in order to maximize the social welfare.

Keywords: Financial subsidies; Rent – seeking behaviour; Compensation contract; Internal control quality; Pay performance sensitivity

地方官员更替与上市公司社会责任履行*
——来自中国上市公司的经验证据

成志策　廖　佳　张横峰

【摘　要】 以 2009~2013 年我国 A 股上市公司为样本，实证检验了地市级政府官员更替对辖区企业社会责任履行的影响。研究发现，与更替前一年相比，官员更替当年，辖区企业会履行更多社会责任，同时新任官员来源、企业辖区知名度及当地政府质量均会显著影响官员更替与辖区企业社会责任履行间的关系。进一步的，当地市级政府发生官员更替时，辖区内无政治关联的企业会履行更多社会责任，且积极履行社会责任的企业可获取更多政府补助和融资便利。

【关键词】 官员更替；社会责任履行；政治关系；寻租

一、引言

一段时期以来，随着一系列食品安全、环境污染以及劳资纠纷事件的爆发，企业

收稿日期：2017 - 7 - 16
基金项目：国家社会科学基金项目（16CGL014）；国家自然科学基金项目（71662021）
作者简介：成志策，男，博士，南昌大学经济管理学院讲师，chengzhiceted@163.com；廖佳，女，江西财经大学会计学院硕士研究生；张横峰，男，博士，南昌大学经济管理学院副教授。
* 作者感谢审稿人对本文的宝贵意见，但文责自负。

社会责任问题已经逐渐成为公众和舆论关注的焦点。履行社会责任被认为是企业获取竞争优势和实现可持续发展的重要条件（田虹和姜雨峰，2014）。一方面，随着越来越多的地方政府日益重视辖区企业社会责任的履行情况，并出台相应法规规范企业的这类行为，[①] 履行社会责任已成为企业不可回避的一个问题。[②] 另一方面，对处于新兴加转轨时期的我国而言，地市级政府官员在地区经济发展中扮演着重要角色，这首先是源于地方政府很大程度上掌握着土地审批、政府补助和税收减免等大权，同时又承担着改善辖区基础设施建设、发展辖区经济、提高人民生活水平的重要使命（王贤彬等，2009）。已有研究证实，地方政府官员的更替可能带来政策的不确定性，进而影响微观企业的投资行为（Durnev，2010；Julio 和 Yook，2012），还可能影响辖区内的政企格局，使得政府资源的配置面临重新洗牌（徐业坤等，2013）。因此，为应对官员更替导致的政治不确定性风险，辖区企业有着强烈的动机去赢得新一届政府的信任与好感，进而在政府资源的配置中分得一杯羹。戴亦一等（2014）研究发现，市委书记换届后，企业慈善捐赠的倾向和规模都会显著增加，因此它们认为中国民营企业的慈善捐赠实质上是为建立政治关系的"政治献金"行为。然而上述的研究仅仅局限于企业的捐赠行为，尚未全面系统地分析与考察地市级政府官员更替对辖区企业整体社会责任履行情况的影响，更未进一步将企业辖区知名度、政府质量等因素系统地纳入分析。

基于此，本文以 2009~2013 年披露了社会责任报告的我国 A 股上市公司为研究样本，分析并实证检验了地市级官员更替对辖区企业社会责任履行情况的影响。研究发现，与发生官员更替的前一年相比，官员更替的当年，辖区企业将会履行更多的社会责任，同时新任官员的来源、企业辖区知名度及当地政府质量均会显著地影响官员更替与辖区企业社会责任履行情况的正相关关系。进一步的检验还显示，当地市级政府发生官员更替时，辖区内不具有政治关联的企业会履行更多的社会责任，同时积极履行社会责任的企业可以获取更多的政府补助和融资便利。上述检验结果一定程度上表明，地市级政府发生官员更替时，辖区企业选择履行更多的社会责任可能是一种应对政治不确定性的寻租行为。

本文的研究贡献主要体现在以下几个方面：首先，从企业社会责任这一全新视角深入、系统地探讨了地市级官员更替对辖区微观企业行为的影响，深化和拓展了地方官员对微观企业干预行为领域的相关研究。其次，以地市级官员更替为切入点，深入系统地分析了地方官员更替与辖区企业社会责任履行情况的关系，这为理解企业履行

---

① 2007 年 5 月 9 日，深圳市出台了《中共深圳市委深圳市人民政府关于进一步推进企业履行社会责任的意见》；2007 年 7 月，上海市浦东新区发布了《浦东新区企业社会责任导则》，随后，杭州市人民政府也发布《关于加强企业社会责任建设的意见》。

② 据《中国 A 股上市公司社会责任报告研究（2014）》统计，2014 年我国沪深两市共有 681 家上市公司披露了年度企业社会责任报告，较上年的 644 家公司同比增长了 5.7%。

社会责任的内在逻辑和运作原理提供了新的解释。最后，进一步考察了新任官员来源、企业辖区知名度和政府质量等因素对地方官员更替与辖区内企业社会责任履行状况的影响，这对指导我国企业履行社会责任、加强地方政府质量建设以及在地方政府实现平稳权力交接时实现政府资源的优化配置都具有重要的现实意义。

二、理论分析与研究假设

（一）地市级政府官员更替与企业社会责任履行

在我国，地市级政府官员对辖区的经济发展具有重要作用，他们引导着整个辖区的经济体制改革，肩负着招商引资、改善当地基础设施建设以及提高人民生活水平的重要使命（Maskin 等，2000；Bai 等，2000；徐现祥等，2007；王贤彬等，2009）。不少研究从财政分权视角考察了地方官员对辖区经济增长的作用，发现财政分权制度改革后，地方官员升迁考核标准的转变激发了地方政府官员发展辖区经济的热情（Jin 等，2005；Li 和 Zhou，2005；张军和高远，2007；周黎安，2007）。因此，当地市级政府换届时，为了完成晋升的政绩考核及实现自身的政治诉求，新任官员通常会有更大的热情制定发展辖区经济的差异化政策，以实现辖区经济更好更快的发展。此外，新任官员还受教育背景、个人偏好以及能力等个人特征的影响，上任后一般会针对政府补贴、土地征用、税收优惠等关键要素进行新一轮的配置（曹春方，2013）。因此，地市级政府官员的换届，尤其是市委书记和市长的更换可能会导致辖区政治环境发生很大改变，形成政治不确定性（Panousi 和 Papanikolaou，2012；Pastor 和 Veronesi，2012；王贤彬和徐现祥，2008；王贤彬等，2009）。

对微观企业而言，地市级政府官员的更替导致的政治不确定性会增加企业的经营风险。企业为应对这种风险，通常会在官员更替时减少投资和缩减研发支出（Durnev，2010；Julio 和 Yook，2012；曹春方，2013；徐业坤等，2013）。但对企业更为重要的影响是地方官员的更替可能会导致辖区企业之前建立的政治关系发生改变，从而使政府资源的配置面临重新洗牌。徐业坤等（2013）研究发现市委书记的更替会削弱企业先前建立的政治关联，使得企业从政府获取信贷资源的优势显著减弱。因此，当地市级政府发生官员更替时，辖区企业为应对官员更替所带来的政治不确定性风险，通常都会有强烈的动机和诉求去赢得新一届政府的信任与好感，以求在争取政府资源的博弈中处于优势地位。

那么，辖区企业通常会采取何种方式赢得新一届政府的信任与好感呢？一般而言，在发生官员更替的较短时间内，企业很难迅速采取缴纳高额税款或增加投资力度等长期策略来吸引新任官员的关注以建立政治联系。此时，履行社会责任能够快速、有效地帮助企业获取新任政府官员的关注。首先，企业履行社会责任一定程度上可以帮助官员解决民生问题，协助官员达成政治与经济目标，有助于向新一届政府彰显自身雄厚的经济实力和良好企业公民形象，以获取新任官员的信任与好感。在我国现行的官员政绩考核体制下，企业履行社会责任对当地政府官员的政绩考核具有重要影响，当地方政府发生换届后，新一届政府可能希望辖区企业履行更多的社会责任以完成其政绩目标，此时，企业履行社会责任可能是搭建政治关系的一种现实选择，辖区企业履行更多的社会责任时，其与当地政府的关联就将更为密切。已有研究也表明，企业履行社会责任并非单纯地是一种"社会奉献主义"行为，还可能是一种为应对政治不确定性的政治资本投资行为（Fan等，2013；黎文靖，2012；金鑫等，2014）。其次，相对于聘任具有政府背景的人员担任企业高管以建立政治关系的途径而言，履行社会责任具有更好的安全边际。从近几年的腐败案件中可以看出，企业在与政府建立政治关系的同时难免会出现一些腐败现象，而利用履行社会责任的方式进行的政治投资行为就显得更具有安全效益。因此，在地市级政府官员发生更替时，为应对政治环境的不确定风险，辖区企业可能会选择履行更多的社会责任以获取新任官员信任和好感，从而与新任政府官员建立政治关系。基于上述分析，提出本文的假设1：

H1：当地市级政府官员发生更替时，辖区内企业会履行更多的社会责任。

（二）地市级政府官员更替、新任官员来源与企业社会责任履行

在地市级政府官员发生更替后，新任官员的来源可能会影响企业社会责任的履行情况。这里所指的官员来源涵盖两种情况：第一种是新任官员来源于本地，即由之前在本地任职的低级别官员晋升而来；第二种情况是新任官员来源于异地，即由异地外调而来。对于来源于本地的新任官员而言，由于其先前在本地的任职过程中就与当地的企业建立了各种沟通渠道，对本地企业的情况比较了解，因此，他们上任之后通常不会轻易改变之前建立的政企关系（罗党论和佘国满，2015）。其次，本地晋升的官员在升迁之后可能会考虑到前任领导的提拔、赏识等因素，一般在制定新政策方面不会与前任领导的政治方针背道而驰，能够保持施政的惯性和人事政策的延续性，因此辖区企业面临的政治不确定性相对较小。相反，对于来源于异地外调的新任官员而言，由于其未曾有过在本地工作的经验，对辖区企业的情况也不太了解，其上任之后的政策变动相对于本地晋升的官员而言将更大，这将增加企业面临的政策不确定性风险，尤其对于先前与当地官员建立了良好政治关系的企业而言，异地外调官员的上任可能会削弱企业与政府先前建立的政治关联，能够减少原有社会关系对企业的束缚，打破先前地方官员形成的宗派主义，因此，新一届政府可能会收回或减少企业先前从政府手中获取的经济资源（徐业坤等，2013）。但是，对于原先未建立政治关系的企业而言，异地来源的官员打破了已有的政企关系格局，使得政府资源在企业中的配置面临重新洗牌，这反而会为其提供一次建立政治关系的平等竞争机会。此外，相对于本地晋升，外地调派的官员在刚上任初期需要时间掌握当地经济发展态势，了解当地企业

发展状况,与辖区企业的接触可能较多,这就给予了当地企业一个向新任官员充分展示自我的机会,极大地增加了企业进行隐性寻租的可能性。因此,无论企业先前是否与政府建立了政治关系,异地官员变更能够更大程度地强化辖区企业通过履行更多社会责任以建立新的政治关系的动机。基于上述分析,提出本文的假设2:

H2:相对于新任官员来源于本地而言,地市级政府新任官员来源于异地时,辖区内企业会履行更多的社会责任。

(三)地市级政府官员更替、企业辖区知名度与社会责任履行

辖区知名度是指企业在当地被大众熟识的程度,是衡量企业在当地影响力和竞争力强弱的指标。辖区知名度对当地企业的发展具有深远影响,较高的辖区知名度代表着企业在当地拥有良好的品牌形象和较高的商誉价值,能为企业带来许多隐性的发展资源。通常而言,辖区知名度高的企业一般是区域内或行业中的龙头企业。那么,当地市级政府发生官员更替时,辖区知名度不同的企业为应对地方官员更替导致的政治不确定性风险,在履行企业社会责任方面是否具有显著差异呢?首先,对于辖区知名度高的龙头企业而言,由于其每年为地方财政创造了巨额的税收,提供了大量的就业机会,对整个区域的经济发展作出了重要贡献(周黎安,2004),因此,地方政府官员对于辖区知名度高的企业天然就具有好感。在建立政治关系方面,相对于辖区内其他企业而言,辖区知名度高的企业具有与生俱来的优势,因而不用刻意通过履行更多社会责任来吸引新任官员的注意。其次,国家出台了许多政策用于支持区域龙头企业的发展,如税收优惠、政府补助等(余明桂等,2010;蔡卫星等,2015)。因此,辖区知名度高的企业在获取政府资源方面具有天然的政策优势,这种优势不因地市级政府官员的更替而发生改变,因而相对于辖区知名度低的企业而言,辖区知名度高的企业刻意履行更多社会责任以迎合新任官员的动机较弱。最后,履行社会责任属于企业可持续发展战略中的一个重要组成部分(唐艳,2011;谭瑾和罗正英,2017),辖区知名度高的企业通常规模较大,管理水平也较高,具有科学的可持续发展战略规划,企业履行社会责任的多少很大程度上取决于公司的既定战略,因而相对不会因地方政府官员的改变而随意变更原有的社会责任战略规划。基于上述分析,提出本文的假设3:

H3:相对于辖区知名度高的企业而言,当地市级政府发生官员更替时,辖区内知名度较低的企业会履行更多的社会责任。

(四)地市级政府官员更替、政府质量与企业社会责任履行

政府质量是个多维度的概念,主要体现在维护法律和秩序、保持宏观经济的稳定、提供基础设施以及公开公平的税收管理体制等方面(Hellman等,2000)。地方政府对于企业活动的严重干预是转轨加新兴市场的共同特征(Fan等,2011)。我国正处

于经济转型时期，政府不仅掌控着大量的经济资源，而且能通过税收、监管和所有权等途径影响着企业的行为。学术界的研究已证实了地方政府质量会对企业的组织结构、公司治理、信息透明度、企业现金持有水平和资本配置效率等方面产生显著影响（Jiang 等，2010；陈德球等，2011；陈德球等，2012）。因此，地市级政府官员更替对企业社会责任的影响可能因当地政府质量的不同而存在显著差异。那么，地方政府质量是怎样影响官员更替与辖区内企业履行社会责任的关系呢？首先，较高质量的地市级政府对企业的干预程度较低，能提供较低的税负水平，并能在保持廉洁高效的同时提供良好的公共服务（La Porta 等，1999；Shleifer 和 Wolfenzon，2002）。因此，较高质量的地市级政府可能会抑制官员为获取个人晋升或私利而干预企业的行为，从而有助于缓解官员更替之后的政治不确定性。其次，较高质量的地市级政府能为企业提供良好的创新环境、较健全的知识产权保护体系、较高的教育发展程度以及更活跃的资本市场，而较高的市场化程度有利于企业公平竞争，从而减少企业对政府资源的依赖程度，降低寻租的可能性（Julio 和 YoPok，2012；申宇等，2015），因而企业通过履行社会责任这一渠道获取政府资源的动机将会大大减弱。最后，为促使辖区经济的健康持续发展，较高质量的地市级政府通常会注重辖区内企业发展的长远利益，会更倾向于通过财政补贴、税收优惠等途径给予企业支持，这也将减弱企业通过履行社会责任进行政治寻租的动机。相反，地市级政府的腐败、对企业过多的干预、不健全的知识产权保护体系、较低的教育发展程度以及不活跃的资本市场等制约因素都可能会影响企业公平竞争的环境，增大企业为获取政府资源而进行寻租的可能性。因此，相对于高质量的地市级政府，低质量的地市级政府发生官员更替时，辖区企业更有动机通过履行社会责任与新任官员建立政治关系。基于上述分析，提出本文的假设4：

H4：相对于高质量的地市级政府，低质量的地市级政府发生官员更替时，辖区内企业会履行更多的社会责任。

三、研究设计

（一）样本选取与数据来源

本文以2009~2013年披露了社会责任报告的深沪A股上市公司为初始研究样本，剔除金融、保险行业上市公司和变量值缺失的样本，并进行缩尾处理后，最终得到

1738 个样本观测值。衡量企业社会责任履行情况的数据来源于润灵环球责任评级得分①，地市级政府市委书记和市长更替的数据是从择城网、人民网以及百度百科等网络资料中手工搜集、整理而得。其他控制变量的财务数据和公司基本信息来自于国泰安（CSMAR）数据库。

（二）检验模型

本研究的样本数据为非平衡面板数据，通过 Hausman 检验后发现固定效应模型优于随机效应模型。因此，为了控制公司个体效应对研究结论的影响，采用以下固定效应模型检验本文提出的相关假设：

$$\Delta CSR_{i,t} = \alpha_0 + \beta_1 Change1_{i,t}/Change2_{i,t}/Bothchange_{i,t} + \beta_2 CSR_{i,t-1} + \beta_3 SIZE_{i,t} \\ + \beta_4 LEV_{i,t} + \beta_5 ROA_{i,t} + \beta_6 GROW_{i,t} + \beta_7 HHI_{i,t} + \beta_8 IBD_{i,t} + \beta_9 CASH_{i,t} + \beta_{10} INVEST_{i,t} \\ + \beta_{11} INDEX_{i,t} + \beta_{12} GDP_{i,t} + \beta_{13} AGE_{i,t} + \beta_{14} YEAR_{i,t} + \beta_{15} IND_{i,t} + \varepsilon_{i,t} \qquad (1)$$

（三）变量的定义

1. 企业社会责任（CSR）的测度：采用润灵环球责任评级（RKS）对披露了社会责任报告的中国上市公司进行评价的总得分结果作为企业社会责任履行情况的代理变量。润灵环球责任评级系统包括 MCT 社会责任报告评价体系和评级转换体系，MCT 评价体系是对企业发布的社会责任报告从整体性、内容性、技术性和行业性四个方面评价其社会责任的履行情况，并根据这四个方面的评价结果，按照一定方法转换成企业社会责任评价得分。MCT 评价体系与本文固定效应模型中的变量并不存在重叠，因此衡量上市公司的社会责任履行情况采用了其评价体系中的总评分结果。

2. 地市级政府官员更替（Change）的定义：使用市委书记和市长的变更衡量地市级政府官员更替。Change1 为市委书记的变更，Change2 为市长变更，Bothchange 为市委书记和市长同时发生变更。参考曹春方（2013）定义"省委书记变更"的做法，若在 6 月 30 日以前地方政府发生市委书记（市长）变更的，当年记作 1；在 6 月 30 日以后发生市委书记（市长）变更的，下一年记作 1，其他年份记作 0。

3. 新任官员来源（From）的定义：若新任官员从本市（区、自治州、盟）晋升而来，定义为新任官员来源于本地，即为本地晋升，赋值为 0；否则定义为新任官员来源于异地，即为外地调任，赋值为 1。

4. 辖区知名度（Famous）的定义：为消除样本偏误造成的影响，将中国所有 A 股上市公司分年度、分城市按照公司规模（总资产的自然对数）大小进行排名，取

---

① 润灵环球责任评级（Rankins CSR Ratings, RKS）是中国企业社会责任权威第三方评级机构，自主研发了国内首个社会责任报告评价工具，其评级得分间接衡量了企业社会责任报告中反映的企业社会责任履行情况，由于润灵环球责任评级的独立性、专业性、相对权威、公开可获得等特点，RKS 已被学者普遍认同并广泛应用于相关研究。

排名前10%的样本公司作为当地城市知名度较高的企业，赋值为1；剩余的样本公司为当地城市知名度较低的企业，赋值为0。共得到了143个辖区知名度高的企业的样本观测值。

5. 政府质量（GQI）的定义：根据2006年世界银行对中国120个城市12400家企业的研究报告数据，借鉴Johnson等（2000）、陈德球等（2011）对政府质量指标的测算方法，以企业娱乐旅游开支与销售收入的比率、企业与主要政府机构打交道的时间、产权保护指数以及对法院的信心四个维度的指标加权构建政府质量指数。政府质量指数（GQI）数值越大，说明地方政府质量越高。为分组考察不同质量地市级政府的官员更替对辖区内企业社会责任履行的影响，我们把政府质量指数按中位数分组，政府质量指数大于中位数的赋值为1，代表地市级政府质量较高；政府质量指数小于中位数的赋值为0，代表地市级政府质量较低。

6. 其他控制变量：参照已有的研究，选取社会责任履行情况总评分的滞后一期值（$CRS_{i,t-1}$）、资产收益率（$ROA_{i,t}$）、营业收入增长率（$GROW_{i,t}$）、独立董事占董事会人数的比率（$IBD_{i,t}$）、赫芬达指数（$HHI_{i,t}$）、资产负债率（$LEV_{i,t}$）、公司规模（$SIZE_{i,t}$）、企业的自由现金流（$CASH_{i,t}$）、企业新增投资（$INVEST_{i,t}$）、市场化指数（$INDEX_{i,t}$）、各城市的国内生产总值（$GDP_{i,t}$）以及上市公司年龄（$AGE_{i,t}$）等指标作为控制变量。本文还控制了年度（YEAR）和行业（IND）变量。变量的具体定义如表1所示。

表1　　　　　　　　　　变量名称及定义

	变量名称	变量定义
被解释变量	ΔCSR	润灵环球责任评级（RKS）对企业社会责任报告评价的总得分的变化值。ΔCSR等于本年社会责任总评分减去上一年社会责任总评分
解释变量	Change1	当地市级政府发生市委书记变更时赋值为1，否则赋值为0
	Change2	当地市级政府发生市长变更时赋值为1，否则赋值为0
	Bothchange	当地市级政府市委书记和市长同时发生变更时为1，否则为0

续表

	变量名称	变量定义
控制变量	From	新任官员来源,新任官员来源于异地赋值为1,来源于本地赋值为0
	Famous	企业知名度,分年度、分城市按照公司规模(总资产的自然对数)大小进行排名,取排名前10%的样本公司作为当地城市知名度较高的企业,赋值为1,剩余的赋值为0
	GQI	政府质量,政府质量指数按中位数分组,大于中位数的赋值为1,代表地市级政府质量较高;小于中位数的赋值为0,代表地市级政府质量较低
	CSR_{t-1}	社会责任履行评价的总得分滞后一期
	CASH	公司自由现金流,经营活动现金净流量与总资产的比值
	ROA	资产收益率,净利润与平均总资产之比
	GROW	公司成长性,用营业收入增长率衡量
	IBD	独立董事人数占董事会人数的比率
	HHI	赫芬达指数,公司前三大股东持股比率的平方和
	LEV	公司资产负债率,负债总额与总资产的比率
	SIZE	公司规模,总资产的自然对数
	INVEST	新增投资支出,等于购建固定资产、无形资产和其他长期资产所支付的现金支出与处理固定资产、无形资产和其他长期资产的现金流入的差额除以年初总资产
	INDEX	市场化指数,来自于樊纲等编制的《中国市场化指数》的系列报告
	GDP	各城市的国内生产总值,来自于各城市统计年鉴
	AGE	公司上市年龄
	YEAR	年度控制变量
	IND	行业控制变量

四、实证结果与分析

(一)描述性统计和单变量分析

表2列示了2009~2013年润灵环球责任评级对披露了社会责任报告的A股上市公

司社会责任履行状况评价总得分的情况，以及各年度地市级政府发生市委书记更替和市长更替的城市数。从表2可以看出企业社会责任的平均得分在2009~2013年呈逐年上升趋势，表明我国企业社会责任的履行意识逐渐增强。同时，我国每年地市级政府发生官员更替的城市数量也在逐年增多，尤其是2013年，87个样本城市中有39个城市发生了市委书记更换，42个城市发生了市长更换，市长的更换比率达到了48%。综合发生官员更换的城市数与企业社会责任评价得分情况，可以看出官员更换越多的年份，企业社会责任评价的平均得分也越高。这初步表明地市级政府官员更替能够促进企业社会责任的履行。

表2 2009~2013年各年度企业社会责任总评分和地市级政府官员更替情况一览

项目	2009年	2010年	2011年	2012年	2013年
社会责任总得分均值	31.96	34.67	36.44	38.78	40.61
社会责任总得分标准差	11.30	13.39	13.51	12.31	12.05
发生市委书记变更的城市数	9	20	30	32	39
发生市长变更的城市数	13	15	40	41	42
市委书记和市长同时变更的城市数	4	9	19	22	26
样本城市数	73	80	84	87	87

表3是主要变量的描述性统计，从表中的结果可以看出企业社会责任评价的平均得分为37.05，说明我国企业社会责任履行的整体情况不太合格，同时社会责任评分的最大值为87.95，表明我国也存在不少社会责任感较强的企业，能够很好地履行社会责任。社会责任评分的标准差是12.81，表明我国企业社会责任履行情况整体差异比较大。从社会责任评分的变化值（ΔCSR）来看，整体均值为2.24，说明每年企业履行社会责任的状况整体变化不大，但最大值为46.74，最小值为-31.58，说明个别企业每年社会责任的履行情况变化幅度较大。此外，市委书记变更的均值为0.28，市长发生变更的均值为0.31，市委书记和市长同时变更的均值为0.17，说明我国地方政府核心领导更换的频率较高，辖区内企业面临的政治环境存在较大的不确定性。其他控制变量的描述性统计结果与相关文献基本一致。

表3 主要变量的描述性统计

变量名	观测值	均值	标准差	最小值	中位数	最大值
CSR	1738	37.05	12.81	15.12	33.72	87.95
ΔCSR	1738	2.24	5.90	-31.58	1.49	46.74
$Change1$	1738	0.28	0.45	0	0	1

续表

变量名	观测值	均值	标准差	最小值	中位数	最大值
Change2	1738	0.31	0.46	0	0	1
Bothchange	1738	0.17	0.37	0	0	1
From	1738	0.14	0.35	0	0	1
Famous	1738	0.08	0.27	0	0	1
GQI	1738	4.95	2.14	1.50	4.50	10
CSR_{t-1}	1738	34.82	12.52	11.69	31.64	82.44
SIZE	1738	23.03	1.46	19.54	22.91	28.48
LEV	1738	0.52	0.19	0.04	0.54	1.14
ROA	1738	0.05	0.05	-0.59	0.04	0.40
GROW	1738	0.70	17.05	-0.99	0.12	706.2
HHI	1738	0.21	0.14	0	0.18	0.80
IBD	1738	0.37	0.06	0.09	0.36	0.67
CASH	1738	0.05	0.07	-0.47	0.05	0.56
INVEST	1738	10.31	2.14	3.25	10.55	13.93
INDEX	1738	0.07	0.09	-0.17	0.05	1.53
GDP	1738	8.53	6.45	0.49	6.18	21.60
AGE	1738	11	5.10	0	12	23

从主要变量的相关系数分析结果可以看到，地市级政府的市长更替、地市级政府的市长和市委书记同时变更与辖区企业社会责任评价得分的变化值分别在5%和10%的水平上呈显著正相关关系，这初步表明当地市级政府发生市长更替或者市长与市委书记同时变更时，辖区企业的社会责任履行状况会更好。此外，在控制变量方面，公司规模也与社会责任评价得分变化值显著正相关，说明规模越大的企业，其社会责任履行状况也越好①。

为了更为直观地比较地市级政府官员更替与辖区企业社会责任履行情况之间的关系，表4将全样本按辖区知名度、政府质量进行分组，分别在地市级政府官员更替与否的条件下进行企业社会责任评分变化值的均值比较分析。从表4可以看出，在辖区知名度低的样本中，地市级政府发生市长变更时，辖区企业社会责任评分变化值的均值显著大于未发生市长变更的均值，这初步表明市长的更替能导致辖区知名度低的企业履行更多的社会责任。此外，当发生市长更换或者市委书记与市长同时更换时，变量 ΔCSR 的均值显著大于未发生官员变更的均值，这一单变量的分析结果初步表明高质量的地方政府发生官员更替时，也会导致企业履行更多社会责任，由于单变量检验未

---

① 因篇幅所限，本文省略了相关表格，如需要可向作者索要。

控制其他变量的影响,以下将进行多元回归分析。

表4　　地市级政府发生官员变更时变量 ΔCSR 在各样本中的比较结果

项目	市委书记变更	市委书记未变更	T值	市长变更	市长未变更	T值	市委书记与市长都变更	市委书记与市长都未变更	T值
全样本	2.37	2.23	0.45	2.80	2.03	2.54**	2.82	2.16	1.74*
辖区知名度高	1.13	1.70	0.62	1.72	1.44	0.29	1.21	1.60	0.35
辖区知名度低	2.49	2.27	0.65	2.90	2.08	2.54**	2.97	2.21	1.90*
政府质量较高	2.49	2.06	1.06	2.76	1.91	2.19**	2.91	2.01	1.96**
政府质量较低	2.26	2.40	0.29	2.85	2.14	1.49	2.70	2.30	0.65

注:*、**、*** 分别表示10%、5%、1%的显著性水平。

（二）回归结果与分析

利用固定效应模型（1）分别检验代表地方官员更替的三个解释变量 Change1、Change2、Bothchange 对企业社会责任履行的影响,表5为检验结果。模型（1）的回归结果表明,市委书记更替（Change1）与企业社会责任评价总得分的变化值（ΔCSR）在10%的水平上显著正相关,说明地市级政府发生市委书记更替时,辖区企业会履行更多的社会责任以应对市委书记更替之后的政治不确定性风险。市长更替（Change2）与 ΔCSR 也呈显著正相关关系,这意味着市长的更替也会导致辖区企业履行更多的社会责任。市委书记与市长同时更替（Bothchange）的回归系数为0.793且在5%的水平上显著,其系数和显著性水平一定程度上表明市委书记与市长同时更替对辖区企业造成的政治不确定性影响程度会更大,企业将会通过履行更多社会责任以获得新任官员的好感,从而有利于建立政治联系。综上,模型（1）的回归结果证实了本文的假设1。此外,控制变量的符号和显著性水平均符合预期,与其他文献的结论也基本一致。

表5　　　　　　　　　假设1的固定效应回归结果

	假设1
Change1	0.533* （1.92）
Change2	0.635** （2.41）

续表

	假设1		
Bothchange			0.793**
			(2.31)
CSR_{t-1}	-0.821***	-0.817***	-0.819***
	(-34.22)	(-34.09)	(-34.19)
SIZE	0.769	0.772	0.761
	(0.99)	(1.00)	(0.98)
LEV	0.795	0.747	0.827
	(0.34)	(0.32)	(0.35)
ROA	-0.659	-0.621	-0.628
	(-0.17)	(-0.16)	(-0.16)
GROW	-0.008	-0.008	-0.008
	(-1.05)	(-1.05)	(-1.05)
HHI	-4.580	-4.820	-4.784
	(-1.07)	(-1.13)	(-1.12)
IBD	1.451	1.738	1.635
	(0.34)	(0.41)	(0.39)
CASH	1.544	1.678	1.588
	(0.70)	(0.76)	(0.72)
INVEST	-1.092	-1.121	-1.106
	(-0.54)	(-0.55)	(-0.54)
INDEX	0.835	1.046	0.889
	(0.92)	(1.17)	(0.99)
GDP	-0.002	-0.005	-0.010
	(-0.01)	(-0.03)	(-0.06)
AGE	1.021***	0.932***	0.996***
	(2.92)	(2.67)	(2.86)
CONS	-6.851	-8.317	-6.963
	(-0.40)	(-0.49)	(-0.41)
YEAR	控制	控制	控制
IND	控制	控制	控制
N	1738	1738	1738
R^2	0.494	0.495	0.495
$Adj-R^2$	0.295	0.296	0.296
F	93.65	93.97	93.90

注：*、**、***分别表示10%、5%、1%的显著性水平，括号中为t值，下文同。

表6是新任官员不同来源对辖区企业社会责任履行情况的回归结果。表6中模型（1）的回归结果显示，在本地晋升的样本组中Change1的系数不显著，而在外地调任的样本组中Change1的系数显著为正，说明市委书记的外地调任能显著促进辖区企业社会责任的履行，由此，假设2得到了支持，即相对于来源于本地的新任市委书记而言，外地调任的市委书记会使辖区内企业通过履行更多社会责任进而与新任官员建立政治关系的动机更强。本地晋升样本中的Change2系数与外地调任样本中的Change2系数均显著为正，这表明无论来源于本地晋升还是来源于外地调任的新市长，都能够促进辖区企业履行更多的社会责任。

表6　　　　　　　　　　　　假设2的固定效应回归结果

	假设2			
	本地晋升	外地调任	本地晋升	外地调任
Change1	0.342 (0.86)	0.716* (1.89)		
Change2			0.739** (2.07)	0.821* (1.86)
CSR_{t-1}	-0.796*** (-29.21)	-0.780*** (-29.95)	-0.820*** (-30.42)	-0.781*** (-27.42)
SIZE	1.207 (1.38)	0.214 (0.25)	1.186 (1.30)	0.462 (0.51)
LEV	1.575 (0.63)	-0.234 (-0.09)	1.440 (0.53)	0.923 (0.33)
ROA	-0.529 (-0.12)	-0.0250 (-0.01)	-0.802 (-0.19)	3.655 (0.71)
GROW	-0.009 (-1.20)	-0.007 (-0.99)	-0.008 (-1.01)	-0.007 (-0.90)
HHI	-5.894 (-1.27)	-4.420 (-0.95)	-5.586 (-1.10)	-1.066 (-0.20)
IBD	1.532 (0.33)	1.764 (0.37)	1.925 (0.41)	-1.409 (-0.28)
CASH	0.138 (0.06)	1.580 (0.64)	2.860 (1.08)	4.552* (1.65)
INVEST	-0.463 (-0.21)	-3.441 (-1.54)	-1.629 (-0.73)	-3.681 (-1.56)

续表

	假设 2			
	本地晋升	外地调任	本地晋升	外地调任
INDEX	0.884	0.573	1.266	0.703
	(0.89)	(0.57)	(1.24)	(0.63)
GDP	0.020	0.043	0.010	0.001
	(0.10)	(0.21)	(0.05)	(0.00)
AGE	0.827**	1.118***	0.743*	1.139***
	(2.17)	(2.92)	(1.86)	(2.64)
CONS	-16.67	6.416	-18.25	-0.983
	(-0.87)	(0.34)	(-0.92)	(-0.05)
YEAR	控制	控制	控制	控制
IND	控制	控制	控制	控制
N	1489	1506	1494	1386
R^2	0.470	0.479	0.496	0.464
$Adj-R^2$	0.216	0.240	0.261	0.185
F	68.52	72.99	77.14	60.67

表 7 是地市级政府官员更替对辖区不同知名度企业社会责任履行情况的回归结果。表 7 显示，在辖区知名度低的样本组中，$Change1$、$Change2$ 和 $Bothchange$ 的系数均显著为正，而在辖区知名度高的样本组中，$Change1$、$Change2$、$Bothchange$ 的系数均不显著，表明当地市级政府发生官员更替时，相对于辖区知名度高的企业，辖区知名度低的企业会履行更多的社会责任以获取新任官员关注，从而构建良好的政治关系。因此，本文的假设 3 获得了支持。

表 7　　　　　　　　　　　假设 3 的固定效应回归结果

	假设 3	
	辖区知名度高企业	辖区知名度低企业
$Change1$	-0.098	0.621**
	(-0.11)	(2.11)
$Change2$	0.962	0.598**
	(1.22)	(2.14)

续表

	假设3					
	辖区知名度高企业			辖区知名度低企业		
Bothchange		0.846			0.791**	
		(0.84)			(2.16)	
CSR_{t-1}	-1.083***	-1.086***	-1.090***	-0.812***	-0.808***	-0.810***
	(-11.32)	(-11.55)	(-11.50)	(-32.48)	(-32.30)	(-32.41)
SIZE	-4.461**	-4.814**	-4.682**	1.490	1.479	1.466
	(-2.03)	(-2.21)	(-2.15)	(1.62)	(1.61)	(1.60)
LEV	8.035	8.411	8.278	-0.193	-0.261	-0.116
	(1.10)	(1.17)	(1.15)	(-0.07)	(-0.10)	(-0.04)
ROA	-0.329	-0.132	0.387	-1.952	-1.836	-1.837
	(-0.02)	(-0.01)	(0.02)	(-0.47)	(-0.44)	(-0.44)
GROW	-0.237	-0.197	-0.232	-0.007	-0.007	-0.007
	(-0.41)	(-0.34)	(-0.40)	(-1.00)	(-1.01)	(-1.01)
HHI	21.682*	21.525*	21.537*	-6.712	-6.975	-6.988
	(1.68)	(1.68)	(1.67)	(-1.39)	(-1.44)	(-1.44)
IBD	9.587	7.869	8.461	0.730	1.059	0.958
	(0.73)	(0.60)	(0.64)	(0.16)	(0.23)	(0.21)
CASH	1.413	1.243	0.419	2.440	2.531	2.511
	(0.20)	(0.18)	(0.06)	(1.02)	(1.06)	(1.05)
INVEST	-1.150	-0.673	-1.036	-1.526	-1.572	-1.533
	(-0.19)	(-0.11)	(-0.17)	(-0.68)	(-0.70)	(-0.68)
INDEX	-0.575	-0.110	-0.446	0.741	1.013	0.845
	(-0.17)	(-0.03)	(-0.14)	(0.78)	(1.08)	(0.89)
GDP	-0.896	-0.811	-0.827	0.059	0.047	0.045
	(-1.03)	(-0.95)	(-0.97)	(0.31)	(0.25)	(0.24)
AGE	2.918**	2.736**	2.832**	0.886**	0.778**	0.846**
	(2.55)	(2.40)	(2.48)	(2.33)	(2.04)	(2.23)
CONS	102.432**	107.499**	106.977**	-20.51	-21.97	-20.58
	(2.04)	(2.18)	(2.16)	(-1.03)	(-1.10)	(-1.03)

续表

	假设3					
	辖区知名度高企业			辖区知名度低企业		
YEAR	控制	控制	控制	控制	控制	控制
IND	控制	控制	控制	控制	控制	控制
N	143	143	143	1595	1595	1595
R^2	0.654	0.660	0.657	0.493	0.493	0.493
Adj-R^2	0.400	0.411	0.405	0.288	0.288	0.289
F	11.90	12.23	12.06	84.93	84.94	84.96

表8是不同质量的地市级政府的官员更替对辖区企业社会责任履行情况的回归结果。从表8的回归结果可以看出，在政府质量较高的样本组中，$Change1$、$Change2$ 和 $Bothchange$ 的系数均不显著，而政府质量较低的样本组中，$Change1$、$Change2$ 以及 $Bothchange$ 的系数分别在10%、1%和10%的水平上显著为正，这表明高质量的地方政府可以有效抑制官员更替后企业通过履行社会责任进行的政治寻租行为，从而验证了本文的假设4。

表8 假设4的固定效应回归结果

	假设4					
	地方政府质量较高			地方政府质量较低		
$Change1$	0.431 (1.20)			0.723* (1.67)		
$Change2$		0.227 (0.67)			1.092*** (2.62)	
$Bothchange$			0.588 (1.39)			1.025* (1.76)
CSR_{t-1}	-0.827*** (-23.43)	-0.824*** (-23.33)	-0.826*** (-23.43)	-0.825*** (-24.42)	-0.820*** (-24.37)	-0.822*** (-24.36)
SIZE	0.874 (0.91)	0.916 (0.95)	0.927 (0.97)	0.659 (0.52)	0.490 (0.39)	0.528 (0.41)
LEV	1.363 (0.42)	1.405 (0.43)	1.354 (0.42)	0.459 (0.13)	0.210 (0.06)	0.540 (0.15)

续表

	假设 4					
	地方政府质量较高			地方政府质量较低		
ROA	−2.951	−2.752	−3.054	2.906	2.984	3.308
	(−0.64)	(−0.59)	(−0.66)	(0.45)	(0.46)	(0.51)
GROW	−0.151*	−0.151*	−0.151*	−0.006	−0.006	−0.006
	(−1.67)	(−1.67)	(−1.68)	(−0.77)	(−0.76)	(−0.77)
HHI	−3.023	−3.261	−3.104	−8.526	−9.126	−9.083
	(−0.59)	(−0.64)	(−0.61)	(−1.15)	(−1.23)	(−1.22)
IBD	10.481*	10.418*	10.253*	−2.754	−1.917	−2.227
	(1.73)	(1.72)	(1.70)	(−0.46)	(−0.32)	(−0.37)
CASH	1.997	1.977	2.061	0.994	1.453	1.075
	(0.71)	(0.70)	(0.73)	(0.29)	(0.42)	(0.31)
INVEST	0.742	0.747	0.746	−1.270	−1.472	−1.358
	(0.29)	(0.29)	(0.29)	(−0.31)	(−0.36)	(−0.33)
INDEX	2.607**	2.845**	2.500**	−1.161	−0.749	−0.818
	(2.09)	(2.32)	(1.99)	(−0.82)	(−0.53)	(−0.58)
GDP	−0.204	−0.247	−0.196	0.579*	0.569*	0.515
	(−0.85)	(−1.03)	(−0.82)	(1.78)	(1.76)	(1.60)
AGE	0.544	0.477	0.569	1.097**	0.922*	1.016*
	(1.10)	(0.97)	(1.15)	(2.07)	(1.73)	(1.91)
CONS	−26.14	−28.59	−26.51	12.84	14.17	13.77
	(−1.25)	(−1.37)	(−1.27)	(0.45)	(0.50)	(0.48)
YEAR	控制	控制	控制	控制	控制	控制
IND	控制	控制	控制	控制	控制	控制
N	865	865	865	873	873	873
R^2	0.494	0.493	0.495	0.509	0.512	0.509
Adj-R^2	0.279	0.278	0.279	0.303	0.308	0.303
F	45.55	45.40	45.63	48.95	49.58	48.99

（三）进一步讨论和分析

1. 履行更多社会责任的经济后果：能否获得更多的政府补助和融资便利？

前文的回归结果已经证实了地市级政府官员的更替会导致辖区企业履行更多社会

责任,究其原因是辖区内企业为应对官员更替而导致的政治不确定性,企业期望通过履行更多社会责任以赢得新任官员的信任与好感,从而获得新一届政府的政策扶持。为进一步验证在地市级政府官员更替后,企业履行更多的社会责任是否有助于获取更多的政府补助和融资便利,本文参考唐清泉和罗党论(2007)的研究,以下一年政府补助的变化值与营业收入的比值(ΔSUB)作为被解释变量,用以考察政府补助水平;参考段云和国瑶(2012)的研究,以下一年长期借款率的变化值($\Delta Longdebt$)作为被解释变量,衡量企业获得融资便利的程度,以检验地市级政府发生官员更替时,企业履行更多社会责任是否得到了政府相关政策的扶持。具体检验模型如下:

$$\Delta Sub_{i,t+1} = \alpha_0 + \beta_1 \Delta CRS_{i,t} + \beta_i \sum_{i=2}^{n} Controls_{i,t} + \varepsilon_{i,t} \quad (2)$$

$$\Delta Longdebt_{i,t+1} = \alpha_0 + \beta_1 \Delta CRS_{i,t} + \beta_i \sum_{i=2}^{n} Controls_{i,t} + \varepsilon_{i,t} \quad (3)$$

其中,上述模型的控制变量为公司规模($SIZE$)、资产负债率(LEV)、总资产收益率(ROA)、营业收入增长率($GROW$)、政治关联(GOV)、公司上市年龄(AGE)、企业本期的政府补助(SUB)、固定资产占总资产的比重($FIXASS$)、应收账款的自然对数(REC)以及年度($YEAR$)和行业(IND)变量。

回归结果列示于表9。表9中模型(2)的回归结果显示,当发生市委书记更替或者市委书记与市长同时更替时,ΔCSR 的系数均显著为正,表明履行更多社会责任的辖区企业从下一届政府手中可以获得更多的政府补助。此外,模型(3)的回归结果显示,当发生市长更替或者市长与市委书记同时更替时,ΔCSR 的系数也均显著为正,这表明地市级政府发生官员更替的当年,辖区内履行更多社会责任的企业可以获得更多融资便利。

表9　　　　　　　　　　进一步讨论和分析的固定效应回归结果

	政府补助(模型2)			融资便利(模型3)		
	市委书记更替	市长更替	都更替	市委书记更替	市长更替	都更替
ΔCSR	0.034**	0.014	0.039*	0.072	0.147**	0.163*
	(2.06)	(0.92)	(1.77)	(1.08)	(2.45)	(1.84)
SIZE	0.082	-0.057	0.074	0.528	-0.039	0.487
	(0.83)	(-0.60)	(0.58)	(1.16)	(-0.09)	(0.72)
LEV	-0.813	-0.357	-1.209	-1.669	0.642	-1.212
	(-1.13)	(-0.54)	(-1.32)	(-0.55)	(0.23)	(-0.31)
ROA	-2.009	-3.698*	-2.037	-2.066	-0.032	-4.568
	(-1.04)	(-1.95)	(-0.80)	(-0.26)	(-0.00)	(-0.44)

续表

	政府补助（模型2）			融资便利（模型3）		
	市委书记更替	市长更替	都更替	市委书记更替	市长更替	都更替
GROW	0.004 (0.06)	-0.011 (-0.19)	0.007 (0.10)			
GOV	0.180 (0.76)	0.291 (1.24)	0.272 (0.86)			
AGE	-0.047** (-2.03)	-0.045** (-2.04)	-0.049* (-1.76)	-0.029 (-0.32)	-0.087 (-1.06)	0.061 (0.53)
SUB	-63.491*** (-17.32)	-60.826*** (-16.44)	-74.087*** (-18.72)			
FIXASS				-6.248** (-2.23)	-10.527*** (-3.84)	-10.917*** (-2.75)
REC				-0.642** (-2.06)	-0.211 (-0.77)	-0.996** (-2.02)
CONS	0.016 (0.01)	3.088 (1.62)	1.007 (0.38)	0.0830 (0.01)	7.851 (1.06)	8.899 (0.83)
YEAR	控制	控制	控制	控制	控制	控制
IND	控制	控制	控制	控制	控制	控制
N	310	371	190	383	451	232
R^2	0.541	0.476	0.706	0.139	0.124	0.151
Adj-R2	0.499	0.437	0.661	0.076	0.073	0.053
F	12.826	12.04	15.73	2.213	2.410	1.537

五、稳健性检验

为了增进研究结论的可靠性，本文进行了以下稳健性检验。① 首先，考虑到衡量企业社会责任履行情况的企业社会责任评价得分的变化值存在负数，由此可能会造成研究结论的偏差，故以企业社会责任评价得分的当年度水平值作为被解释变量，检验结果与先前结论基本一致；其次，由于本研究样本还包含了各个省会城市的样本，考虑

---

① 稳健性检验结果由于篇幅限制未予列示，留存备索。

到省会城市的政府官员与一般地市政府官员在政治权力上存在差别,故剔除城市所在地为省会城市的样本,检验结果基本不变;最后,考虑到党的十八大之后各地市级政府发生了较多的官员换届,且十八大之后对于企业进行政治寻租制定了较多的制度,可能会对本文的研究结论造成影响,因此将十八大之后的数据从总样本中删除,回归结果基本不变。

六、研究结论与启示

本文以2009~2013年披露了社会责任报告的我国A股上市公司为研究样本,实证检验了地市级官员更替对辖区企业社会责任履行情况的影响。研究发现如下:首先,地市级政府官员的更替导致辖区企业履行更多的社会责任,并且地市级政府市委书记的异地更替对辖区企业履行社会责任的激励作用更为明显。其次,相比辖区知名度较高的企业,当官员发生更替时,具有较低辖区知名度的企业会履行更多的社会责任以求获得新任官员的好感;同时,若企业所处辖区的政府质量较高,则其更不倾向于通过履行更多社会责任与地方政府建立政治联系。再次,先前具有政治关联的辖区企业由于具有更多的与新任官员接触的渠道,因此当地市级政府发生官员更替时,这类公司更不倾向于通过更多地履行社会责任与新任官员建立政治联系。最后,进一步的研究还发现,当发生地市级政府官员更替时,企业履行更多社会责任能够得到新一届政府在政府补助和融资便利上的资源回馈,这从某种程度上证实本文的推断,即当地市级官员发生更替时,企业履行社会责任很大程度上是为了与新任官员建立政治关系,以获得新一届政府资源配置上的优先地位。

本研究的启示是:对企业而言,履行社会责任的目的不仅在于彰显其自身的社会责任感、提高其良好企业公民形象,而且还是与地方政府迅速建立亲密政治关系的有效途径,尤其是在地市级政府发生官员更替时,企业可以通过履行社会责任以应对官员更替导致的政治不确定性风险,赢得新任官员的信任与好感,从而与新一届政府建立良好政治联系,借以获得新一届政府的政策扶持。另一方面,对于地方政府治理而言,相关的监督部门应该加强地方政府质量的建设,良好的地方政府质量能有效地抑制企业通过履行社会责任而进行的政治寻租行为,能给辖区企业的发展创造一个公平合理的政治环境。

主要参考文献

蔡卫星,高明华,李国文. 2015. 政府支持、贷款可获得性与中小企业研发决策. 研究与发展管理, 5: 12—21。

曹春方. 2013. 政治权力转移与公司投资: 中国的逻辑. 管理世界, 1: 143—157。

陈德球, 李思飞, 王丛. 2011. 政府质量、终极产权与公司现金持有. 管理世界, 11: 127—141。

陈德球, 李思飞, 钟昀珈. 2012. 政府质量、投资与资本配置效率. 世界经济, 3: 89—110。

戴亦一, 潘越, 冯舒. 2014. 中国企业的慈善捐赠是一种"政治献金"吗？——来自市委书记更替的证据. 经济研究, 2: 74—86。

段云, 国瑶. 2012. 政治关系、货币政策与债务结构研究. 南开管理评论, 5: 84—94。

金鑫, 雷光勇, 王文忠. 2014. 企业社会捐赠: 政治资本还是代理成本？. 财经研究, 5: 122—132。

黎文靖. 2012. 所有权类型、政治寻租与公司社会责任报告: 一个分析性框架. 会计研究, 1: 81—88。

罗党论, 佘国满. 2015. 地方官员变更与地方债发行. 经济研究, 6: 131—146。

申宇, 傅立, 赵静梅. 2015. 市委书记更替对企业寻租影响的实证研究. 中国工业经济, 9: 37—52。

谭瑾, 罗正英. 2017. 高管变更、竞争战略与企业社会责任——基于战略耦合的视角. 山西财经大学学报, 5: 82—93。

唐清泉, 罗党论. 2007. 政府补贴动机及其效果的实证研究——来自中国上市公司的经验证据. 金融研究, 6: 149—163。

唐艳. 2011. 利益相关者导向下企业承担社会责任经济动因分析的实证研究综述. 管理世界, 8: 184—185。

田虹, 姜雨峰. 2014. 企业社会责任履行的动力机制研究. 审计与经济研究, 6: 65—74。

王贤彬, 徐现祥. 2008. 地方官员来源、去向、任期与经济增长——来自中国省长省委书记的证据. 管理世界, 3: 16—26。

王贤彬, 徐现祥, 李郇. 2009. 地方官员更替与经济增长. 经济学（季刊）, 4: 1301—1328。

徐现祥, 王贤彬, 舒元. 2007. 地方官员与经济增长——来自中国省长、省委书记交流的证据. 经济研究, 9: 18—31。

徐业坤, 钱先航, 李维安. 2013. 政治不确定性、政治关联与民营企业投资——来自市委书记更替的证据. 管理世界, 5: 116—130。

余明桂, 回雅甫, 潘红波. 2010. 政治联系、寻租与地方政府财政补贴有效性. 经济研究, 3: 65—77。

张军, 高远. 2007. 官员任期、异地交流与经济增长——来自省级经验的证据. 经济研究, 11: 91—103。

周黎安. 2004. 晋升博弈中政府官员的激励与合作——兼论我国地方保护主义和重复建设问题长期存在的原因. 经济研究, 6: 33—40。

周黎安. 2007. 中国地方官员的晋升锦标赛模式研究. 经济研究, 7: 36—50。

Bai, C. E., D. D. Li, Z. Tao, & Y. Wang. 2000. A multitask theory of state enterprise reform. *Journal of Comparative Economics*, 28 (4): 716 – 738.

Durnev, A. 2010. The real effects of political uncertainty: elections and investment sensitivity to stock prices. *London School of Economics and Political Science*: Working Paper.

Fan, J. P. H., K. C. J. Wei, & X. Xu. 2011. Corporate finance and governance in emerging markets: a selective review and an agenda for future research. *Journal of Corporate Finance*, 17 (2): 207 – 214.

Fan, J. P. H., T. J. Wong, & T. Zhang. 2013. Institutions and organizational structure: the case of state – owned corporate pyramids. *The Journal of Law, Economics, and Organization*, 29 (6): 1217 – 1252.

Hellman, J., G. Jones, D. Kaufmann, & M. Schankerman. 2000. Measuring governance, corruption, and state capture: how firms and bureaucrats shape the business environment in transition economics. *EBRD and the World Bank*: Working Paper.

Jiang, G., C. M. C. Lee, & H. Yue. 2010. Tunneling through intercorporate loans: the China experience. *Journal of Financial Economics*, 98 (1): 1 – 20.

Jin, H., Y. Qian, & B. R. Weingast. 2005. Regional decentralization and fiscal incentives: federalism, Chinese style. *Journal of Public Economics*, 89 (9 – 10): 1719 – 1742.

Johnson, S. D., J. Kaufmann, R. MecMillan, & C. Woodruff. 2000. Why do firms hide? Brides and unofficial activity after communism. *Journal of Public Economics*, 76 (3): 495 – 520.

Julio, B., & Y. Yook. 2012. Political uncertainty and corporate investment cycles. *The Journal of Finance*, 67 (1): 45 – 83.

La Porta, R., F. Lopez – de – Silanes, & A. Shleifer. 1999. Corporate ownership around the world. *The Journal of Finance*, 54 (2): 471 ~ 517.

Li, H., & L. Zhou. 2005. Political turnover and economic performance: the incentive role of personnel control in China. *Journal of Public Economics*, 89 (9 – 10): 1743 – 1762.

Maskin, E., Y. Qian, & C. Xu. 2000. Incentives, information, and organizational form. *Review of Economic Studies*, 67 (2): 359 – 378.

Panousi, V., & D. Papanikolaou. 2012. Investment, idiosyncratic risk, and ownership. *The Journal of Finance*, 67 (3): 1113 – 1148.

Pastor, L., & P. Veronesi. 2012. Uncertainty about government policy and stock prices. *The Journal of Finance*, 67 (4): 1219 – 1264.

Shleifer, A., & D. Wolfenzon. 2002. Investor protection and equity markets. *Journal of Financial Economics*, 66 (1): 3 – 27.

Municipal Officials' Turnover and the Social Responsibility Performance of Listed Firms: Empirical Evidence from Chinese Listed Firms

Zhice Cheng, Jia Liao, Hengfeng Zhang

Abstract: Based on samples of A – Share listed firms during 2009 to 2013, this paper investigates the influence of municipal officials' turnover on corporate social responsibility. This paper finds that firms in municipal officials' turnover area perform more social responsibility in the turnover year. Moreover, the source of the new officials, the regional popularity of enterprises and the quality of local government will significantly affect the positive correlation between municipal officials' turnover and corporate social responsibility. Furtherly, firms without political connections will fulfill more social responsibility when the local municipal officials' turnover occurs, and firms that actively perform social responsibility can get more subsidies and financing facilities.

Keywords: Officials' turnover; Social responsibility; Political connection; Rent – seeking

跨境审计监管、经济安全与会计师事务所国际化战略

郝莉莉　马可哪呐

【摘　要】"中概股"公司在美国资本市场中频频出现的财务造假等问题,使得中美两国的跨境审计监管冲突不断激化。本文基于这一背景,对放开跨境审计监管进行合作的必要性进行了探讨,同时从经济安全和国家利益的角度研究了进行跨境审计监管合作产生的影响,并且进一步探索和总结了应采取何种跨境审计监管合作形式维护我国国家利益。本文研究结论为跨境审计监管冲突产生的监管协调问题提供了新的视角,也有助于对跨境审计监管中亟待梳理和解决的问题提供理论上的突破,为跨境审计监管合作对外政策决策提供依据。这类问题的研究和总结也对我国跨境监管合作特别是跨境证券监管合作具有重要的理论和实践意义。

【关键词】跨境审计监管；事务所国际化战略；经济安全

收稿日期：2017 - 9 - 17
基金项目：中南财经政法大学研究生优秀学位论文培育项目（2017Y30）
作者简介：郝莉莉,女,中南财经政法大学会计学博士生,haolili_zncd@ sina. com；马可哪呐,男,交通银行深圳分行。
* 作者感谢审稿人对本文的宝贵意见,但文责自负。

一、引言

近年来中国在美国的上市公司接连出现粉饰业绩甚至财务造假等丑闻，致使美国投资者对中概股公司建立起来的信心不断受到挑战。2011 年 9 月，美国证券交易委员会（Securities and Exchange Commission，SEC）要求上海德勤提供和东南融通财务造假案相关的文件，但被上海德勤以违反中国保密法为由拒绝，导致 SEC 于 2012 年 5 月 9 日发布公告称因上海德勤未能遵守美国萨班斯法案（SOX）106 条款规定，将对其进行起诉。中美两国跨境审计监管存在冲突和矛盾。特别是 2013 年 5 月 7 日，中国证监会与中国财政部同美国公众公司会计监督委员会（Public Company Accounting Oversight Board，PCAOB）签署执法合作备忘录，正式开展中美审计跨境执法合作之后，[①] 美国监管机构对为"中概股"公司提供审计服务的中国会计师事务所是否严格按照美国证券法规规定执行审计业务更加关注。随着两国跨境审计监管冲突和矛盾尖锐化，2014 年 1 月 22 日，SEC 行政法官（administrative law judge）判决暂停"四大会计师事务所"中国分所在美国市场的执业资质 6 个月。自此，跨境审计监管问题亟待解决。

跨境审计监管属于跨境证券监管的范畴，是一个极为重要的理论和实践问题。国内外一些学者在研究跨境监管问题时从跨境监管国际合作的角度对此问题有所探讨，主要集中在跨境证券监管方面有少量文献涉及跨境会计监管（乔炜，2012），但还没有细化到资本市场跨境审计监管领域。Eberle 和 Lauter（2011）从国际政治经济学的角度研究了欧洲会计职业界在欧盟与美国跨境审计监管协调中的作用。跨境审计监管协调问题涉及国际经济学、国际政治学、国际法学和国际关系学等多学科领域，目前国内外相关研究较为稀少，还有待学界大力发掘。

鉴于此，本文在总结跨境审计监管问题的产生和跨境审计监管困难难以破解原因的基础上，分析了跨境审计监管协作可能对经济安全产生的影响，探讨了事务所国际化战略在跨境审计监管协作中扮演的角色及其在维护经济安全中发挥的作用，并且对跨境审计监管、事务所国际化战略和经济安全三者的关系进行了梳理和分析。以期借助事务所国际化战略的实施来破解跨境审计监管协作的困境，完善审计在资本市场上的功能，提升我国注册会计师行业的国际影响力，同时维护我国的经济安全，并为未来我国资本市场的国际化之路积累经验。

[①] 中国监管层与 PCAOB 就跨境审计监管达成框架性的协议，美方如需向中方提取审计底稿，在遵守相关法规的前提下，中方经美方提出申请可以在一定范围内予以提供审计底稿，但底稿能否用于境外司法诉讼程序还需要同有关部门进行协商。

二、跨境审计监管冲突的产生及其影响

（一）跨境审计监管的缘起

1. 美方监管政策调整的后果。21世纪初出现"安然""世通"等一系列公司财务丑闻后，为了提高公司信息披露的准确性和可靠性以保护投资者利益，美国在2002年实施了萨班斯法案（SOX）。SOX（2002）规定会计师事务所不再接受行业自律监管，而由独立的PCAOB专司监管。SOX（2002）使PCAOB对会计师事务所的监管权力产生了跨境效应（Eberle和Lauter，2011）。① 2010年通过的多德—弗兰克法案（Dodd-Frank Act）929J条款将SEC的权力进一步扩大，任何一家外国会计师事务所提供的实质性服务，一旦被其他公共会计师事务所在年报审计、中期报告审计以及其他审计行为中作为证据，那么该事务所就受到SEC的管辖。在国际私法的实践中对跨国经济活动的司法管辖主要遵循"属人原则""属地原则""效果原则"。② 而跨境上市公司和执行跨境审计业务的事务所，不管根据"属地原则"还是"效果原则"，都会受到东道国的规制。美国一直在实施"长臂监管"，不断扩大其本国法规的域外适用性（方流芳，2000），而不同国家对会计师事务所的监管规则方面存在着诸多差异，从而导致了跨境审计监管的冲突。

2. 中国会计师事务所自身审计质量存在问题。我国资本市场的审计质量本身存在的问题也为美国扩大其审计监管的域外权力提供了借口。"锦州港""科龙门"等一系列事实表明，在中国的市场环境下，即便是国际四大也没有提供高质量的审计服务。近期在国内新股发行市场上曝光的发行造假问题也显示出审计师没有尽到应有的职责来确保财务信息真实可靠，也凸显了中国资本市场的审计质量堪忧。因而在美提供审计服务的中国会计师事务所的审计质量也饱受美国投资者和机构的诟病。美国监管机构出于保护本国投资者利益、维护资本市场秩序的目的，希望把监管权力延伸到在美提供审计服务的中国会计师事务所，但中国出于主权和经济安全方面的考虑，并不同意美国的诉求，跨境审计监管矛盾不断激化。

（二）跨境审计监管冲突难解的原因

1. 司法规定冲突。当资本行为产生的效果跨越国境时，会涉及外汇监管、经济金

---

① 按照SOX（2002）的要求，PCAOB负责监管从事证券市场审计业务的会计师事务所，而SEC则负责对PCAOB的监督。SOX（2002）发布后，美国的审计行业进入了行业自律监管、政府监督和外部独立监管并重的时代。

② 属人原则，公司所在地国对具有本国国籍或在本国有住所的公司的经营活动进行监管；属地原则，公司上市地国对在本国上市的公司进行监管；效果原则，只要公司的经济活动对该国资本市场产生实质上的影响，便可以主张管辖权。

融安全等问题，监管主体国会从公法角度对经济活动实施监管，这远远超出了母国传统监管法规的调整范围。现阶段全球性法律制度体系尚未完全确立，全球性统一会计、审计制度的推行缺少法律基础。从跨境审计的实践来看，只有欧盟市场内部成员国比较完整地解决了跨境审计监管协调问题。2004 年 PCAOB 向非美国会计公司开放注册后，"四大会计师事务所"中国分所进行了注册，并为许多"中概股"公司提供审计服务。根据美国证券法规的规定，美国监管机构能够在调查上市公司时获取相关审计文件，但是中国法律规定，未经批准任何中国会计师事务所不得向外国监管机构提供任何文件，所以中国与美国在跨境审计监管方面一直存在着法律冲突。中美两国虽然在跨境证券监管方面有司法互助协定，但主要用于两国共同打击证券违法犯罪与过度投机行为等方面，并未细化到审计监管领域。① 为在美跨境上市的"中概股"公司提供审计服务的事务所，陷入了违反中国法规或者违反美国法规的两难困境，事务所如果将审计工作底稿运出中国，就会违反中国的相关保密法规，可能被卷入刑事诉讼，而如果不在 SEC 调查"中概股"公司时配合就会违反美国法规，达不到 SEC 的监管要求而失去跨境审计业务的市场份额。

2. 缺乏对等条件。跨境审计监管的冲突是广泛存在的，即便是资本市场发展程度比较接近的美国与欧盟之间跨境审计监管产生的冲突依然没有得到有效解决。美国要把国内法变成世界法，要求其他国家都心甘情愿地接受，就可能出现一种"Pax Americana"②，现今的世界格局中美国不可能完全主导世界（王逸舟，2005）。所以美国极力扩大其证券法规域外适用范围的行为，一定程度上侵犯了其他国家主权，因而也遭到了其他国家的反对。跨越国境的合作框架和协议是从属于国际法的一种调整各国交往行为的规则。这种交往规则要得到所有主体的遵守，必须要在各基本行为主体之间建立和保持一种对等和平等的权力。欧盟和美国之间的跨境审计监管协作能取得一定程度的进展，就是因为两方的监管地位是对等的，这是达成监管协作的重要前提之一。而目前中国资本市场发展滞后，国际板还在筹划中，③ 还没有美国公司在中国内地上市，所以中美跨境审计监管缺乏对等地位，这也是中美就跨境监管协作举行数次谈判却一直没有达成实质性合作协议的重要原因。

---

① 截至 2012 年 4 月，中国证监会已与 44 个国家或地区签署了 51 个多边备忘录（MOU），其中跨境监管协作分为三类：对当事人或机构的检查；提供有关信息；协助调查。中国与美国在 2000 就签署了司法互助协定（乔炜，2012）。

② 指超越国际法规则约束的绝对地支配整个格局的霸权体系。

③ 2009 年 5 月上海市政府发布的《上海市人民政府贯彻国务院关于推进上海加快发展现代服务业和先进制造业建设国际金融中心和国际航运中心意见的实施意见》（沪政发〔2009〕25 号）指出"适时启动符合条件的境外企业在上海证券交易所上市"。2010 年 12 月上海证券交易所发布《上海证券交易所战略规划（2011～2020年）》，在其"近期战略目标（2011～2012 年）和主要任务"中提出"推进高质量国际板市场建设，提升中国资本市场的竞争力"。

从各国监管实践来看，东道国对跨国证券的发行人及其行为的监管主要集中在公司治理结构、东道国信息披露等有限几个方面，监管范围不应无限扩大（蒋辉宇，2013）。基于监管主权、经济安全、保护国内行业发展等因素的考虑，中国证监会不允许 PCAOB 对中国会计师事务所进行跨境审查。在跨境审计监管协调的谈判上，中国监管层只是原则上同意了 PCAOB 派观察员来中国观察中国监管层对事务所的检查。

（三）跨境审计监管对经济安全的影响

经济信息安全和国家经济决策与体制是国家经济安全的重要内容（李孟刚，2010）。美国主导的跨境审计监管模式是其国内法域外适用性扩大的结果，必然要求其他国家让渡部分监管主权，同时 SEC 和 PCAOB 也要求拥有直接审查涉事公司的审计工作底稿和其他审计工作文件的权力。监管主权会涉及相关的经济政策决策活动和监管法规的效力，而审计工作底稿文件是审计师记录的审计过程活动和被审单位一切经济活动状况和相关数据的文档资料，甚至会涉及被审单位商业秘密。所以跨境审计监管协作必然会从这两个方面对经济安全产生影响。图 1 说明了在按照美国主导的跨境审计监管模式进行协作时对经济安全可能产生的影响及其作用路径。

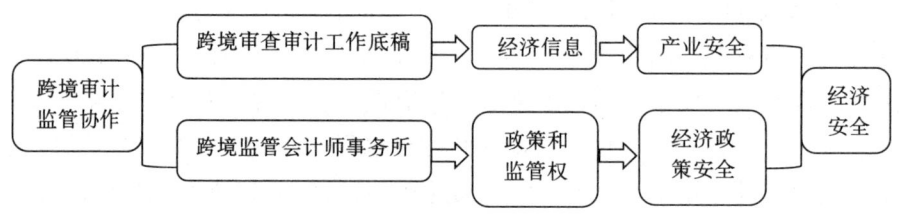

图 1 跨境审计监管对经济安全的影响

一方面，审计工作底稿的放开，往往并不仅限于跨境上市公司本身的会计资料，而且可能促使 SEC 要求四大会计师事务所提供其他非上市公司客户的审计底稿。由于中国国内许多行业发展仍然不成熟，放开审计底稿的限制将使中国公司面临行业数据等经济信息被国外公司利用而出现抢占中国市场的风险，这无疑会威胁到中国对幼稚产业的培育和保护，影响到产业安全。一些国家为维护本国经济信息的安全，甚至制定反商业间谍的法律法规和设置国家层面的安全机构，审计工作底稿的放开与我国维护国家经济信息安全的要求相悖。

另一方面，跨境监管会计师事务所，即意味中方要让渡一定的监管主权，这会影响到国内经济政策决策的独立性和经济政策的延续性、权威性和稳定性，并使得国内的一些相关法律法规失去约束作用，进而向市场传递错误的信号，所以会影响到经济政策体制的安全性。

经济信息、经济决策和经济体制的安全是一个国家经济平稳发展的必要条件。在美国同欧盟的跨境监管协调中，第八号指令草案也认为只有在安全得到满足的情况下，相关审计文件的获取才可以作为例外而被允许。从图1的分析来看，以美国为主导的跨境审计监管模式确实可能对本国经济安全产生严重的负面影响。

三、跨境审计监管合作的必然性

（一）跨境审计监管策略选择的必然性

在跨境审计监管当中，一个国家是否选择进行跨境审计监管的合作由国家利益决定（主要包括经济利益和政治利益）。图2是中美两国在审计监管跨境合作当中的博弈分析图。

		中国	
		合作	不合作
美国	合作	(2,1)	(2,-2)
	不合作	(-1,1)	(-1,-2)

图2　中美跨境审计监管博弈图

在关于国家对外政策的决策行为中，国家利益是决策的根本依据，其中经济利益是核心（李景治等，2003）。我们假定跨境审计监管合作时选择的是中美两个国家都接受的合作形式，而不合作状态则是中美两个国家放任跨境审计监管冲突，并不就冲突的解决进行有效的沟通和协作。合作与不合作是中美两个国家在跨境审计监管上可以采取的行动策略，当美国采取积极的行动促进合作，其收益是既能够保护本国投资者的利益（+1），同时也能够保持本国资本市场在国际资本市场上的影响力（+1）；而当美国采取不合作的策略时，中概股公司势必退市，那么也就不存在由中概股公司引起的投资者保护问题（0），但是中国毕竟是国际上有影响力的大国，在美国的资本市场框架中如果没有中国的参与，其资本市场在全球的影响力会削弱（-1）。而对于中国而言，在跨境审计监管上，如果采取合作策略，能够规范中国公司的行为（+1），也能为本国资本市场的国际化积累经验（+1），但是可能会削弱监管主权和泄露经济信息（-1），所以总收益为（+1）；当中国采取不合作策略时，虽然不会产生由跨境审计监管协作产生的监管主权问题和泄露经济信息（0），但也不会得到由于跨境监管协作带来的对本国公司行为规范的正面影响，并会使得本国资本市场的国际化遇到阻碍（-1），并且"中概股"公司退市影响海外融资（-1），所以总收益为（-2）。当把中美两国在跨境审计监管策略选择上产生的支付反映到博弈支付矩阵当中后，我们可以清楚地看到，跨境审计监管博弈是一个正合博弈，最后两国选择的占优策略都是合作。由此可见，在跨境审计冲突问题上，对中美两国而言跨境审计监管合作是一条必由之路。

（二）跨境审计监管实践的结果

审计监管是证券监管的重要组成部分，有效的监管是保障资本市场功能发挥的重要前提。尽管在欧盟和美国之间的跨境审计监管协调过程中，其监管主权也有可能被侵害，但是欧盟最后还是选择了积极与美国进行监管合作并采取了与美国比较接近的独立监管模式。所以主权问题需要重新考虑，这对于国际关系和国际合作至关重要，不是削弱它，而是让它可以采取不止一种形态和发挥不止一种功能。纵观欧盟和美国及欧盟内部之间的跨境审计监管实践，虽然跨境审计监管冲突会长期存在，短期内也难以得到有效解决，但是跨境监管机构之间的交流、沟通及监管信息的共享无疑会提高全球资本市场的审计质量。特别是在经济全球化的背景下，有效的跨国监管合作不但可以打击跨国证券交易的违法行为，更可以减少行政壁垒，降低监管成本，保障投资者的合法权益，进而维护本国的经济安全和国家利益。所以中美两国监管合作之路虽然不平坦，但维护资本市场秩序、保护投资者利益都将会是两国共同努力的方向和目标。

四、事务所国际化战略在跨境审计监管合作中的作用

（一）事务所国际化战略在维护经济安全中的理论分析

跨境审计监管协调关系到国家利益，核心更涉及经济利益。是否进行跨境监管合作是由国家整体层面的利益决定的。国家利益本质上是一个只能在交往中实现的东西，必须通过国家的外交和国际战略体现。为使自己在未来的国际竞争中处于有利的地位，需要对本国经济发展目标、遵循的原则及实施经济发展目标所运用的手段、方式进行整体性、全局性的谋划，即通过经济战略来为本国的未来发展谋求有利条件。美国参谋长联席会议前主席马克思韦尔·泰勒上将提出了战略的三要素公式，战略＝目的＋途径＋手段，泰勒公式对于军事、政治、经济等各领域都是适用的。[①] 事务所国际化发展的战略目标是维护国家利益特别是经济安全方面的利益，战略途径是事务所国际化的发展，战略手段是做大做强本土所。为了促进事务所的国际化发展，提升注册会计师行业为本国企业"走出去"服务的能力，提升本国会计师行业在国际上的影响力，实现把本土所做大做强的目标，相关部门出台了一系列的政策进行扶持和指导，为事

---

① 1981年泰勒将军提出军事战略的三大构成要素为目标（ends）、手段（means）、途径（ways）之后，目标、手段、途径成为战略的三要素被大家所接受。

务所的国际化发展进行了整体性的规划。事务所的国际化战略是重要的经济战略,是为了提高本国事务所在国际市场上的竞争力和话语权而制定的特殊产业政策,担负着我国企业"走出去"战略顺利实施的重任,同时也是整个国家资本市场监管体系的重要组成部分。中国资本市场的国际化更需要强有力的国际性注册会计师行业的支撑。要促进事务所的国际化发展,更需要掌握跨境监管协作的主动权,这也是国家经济安全战略考量中一个重要的部分。美国是跨境监管方面的先驱和积极倡导者,为了掌握跨境监管的主动权,维护本国利益,美国在消除法律障碍方面做了诸多努力。在金融、经济全球化的背景下,中国要维护自身的经济安全,就要积极参与到国际机制的设计和实践中去,以便更好地维护国家利益。

欧盟和美国的跨境审计监管协调会受到职业界的阻挠,而中国的制度规范的制定是由主管部门主导的,在监管政策的制定和对外政策的决策中,更容易从整体层面考虑,作出有利于维护国家经济安全和利益的政策决策。事务所的国际化战略无疑是中国监管层从国家整体利益角度作出的重要战略决策。中美之间的跨境监管冲突源于事务所,是事务所本身追求国际化的一个结果,那么在解决跨境审计监管冲突中事务所本身也应该并且能够发挥作用。以欧盟和美国的跨境审计监管协调为借鉴,中国应该借助于事务所国际化战略的实施,积极促进跨境审计监管协作,以提高审计监管质量,进而促进资本市场审计质量的提升。

(二)事务所国际化战略维护经济安全的实现路径分析

事务所国际化战略在实践中有利于维护国家主权和经济利益。图3分析了事务所国际化战略在化解跨境审计监管冲突中能够发挥的作用及具体实现方式。

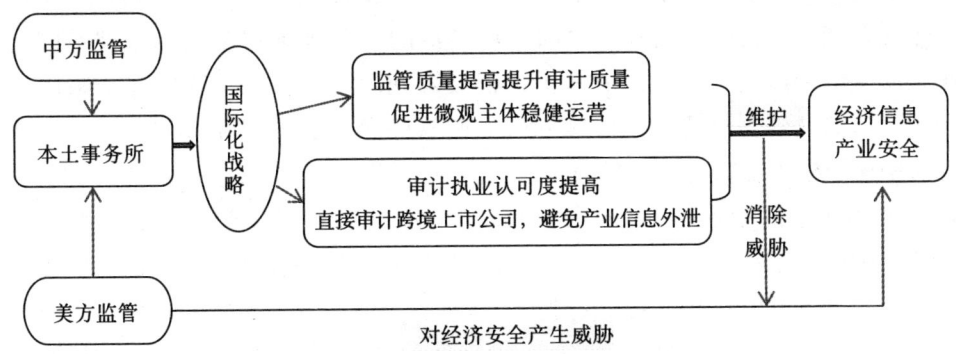

图3 事务所国际化战略维护经济安全的实现方式

结合图1和图3可知,跨境审计监管会对经济安全产生正负两方面的影响。负面影响一是会泄露产业、经济相关信息;二是会威胁国家经济政策和监管权安全,进而对经济安全造成影响;正面影响是跨境审计监管协作会对事务所形成监管的合力,这在一定程度上可以弥补资本市场上审计监管的制度漏洞，进而促进事务所谨慎执业，提升审计执业质量。在这个过程中，第一，事务所执业质量的提升会直接作用于微观经济主体——上市公司，促进公司改善经营管理，增强抵御风险的能力，微观经济主体的稳健运营有助于提高国家的经济安全；第二，跨境审计监管有助于强化事务所的质量控制和管理水平，做大做强事务所，促进了本土所国际化战略的实施，提高本国事务所国际执业努力程度和国际认可度；第三，由本国事务所直接审计跨境上市公司，避免了产业信息外流，也消除了对国家经济政策稳定性和持续性的威胁。通过事务所国际化战略的实施，选择合适的跨境审计监管协作形式，在监管等效的国家之间采取互相信赖的监管，可以化解跨境审计监管中的尖锐矛盾。这样不但可以消除跨境监管协作带来的忧虑，而且可以切实维护本国的经济安全和国家利益。

五、破解跨境审计监管困境、维护经济安全

事务所的国际化战略是国家经济战略布局的重要组成部分，国际化战略的实施能够提升审计质量和执业的国际认可度，进而维护本国经济安全。在跨境审计监管协作中，中国监管层的积极表态和配合，有助于恢复海外投资者对"中概股"公司的信心。在国外上市的中国企业和执行跨境审计业务的会计师事务所在中国证监会都有备案，中国监管层也要负起一定的持续监管责任，因而国家的独立公共监管机构对本国注册的事务所负有最终的监管责任。金融危机后，人们开始反思审计的功能和作用，提高审计质量与完善审计监管是全球共同面临的问题。不管对全球的资本市场体系的完善还是对投资者的保护都是非常必要的。中美监管合作存在一定的共同利益，跨境审计监管协作问题能否妥善解决关系到中国市场经济的一些规则和制度能否被不同制度背景的国家所接纳和认同。目前，中国正在积极筹划国际板市场，所以在未来同样要面临在中国上市的境外公司及其审计事务所的监管问题，加强国际合作，学习成熟的监管理念对中国监管者而言是必经的过程。

国家对外行为准则的核心是国家利益，所以，跨境审计监管合作必须要遵循的原则是维护本国的国家利益。监管合作应该以等效和共识为基础，所以第八号指令草案设计了一个基于母国监管和互惠的合作方案。考虑到国别法律和传统的差异，跨境监管仍以本国为主。全球化的今天，主权国家要在坚持国家主权原则不可超越的前提下，对传统主权观念的绝对性和政策进行积极的调适，以增进对经济全球化的参与并从经济全球化中分享最大的经济利益（王丽娟等，2008）。跨境审计监管协作是必由之路。如何通过国家的战略布局，推进本土所的国际化，进而更好地维护国家利益和经济安全是我们需要解决的主要问题。我们认为，可以从以下几个方面来促进跨境审计监管协作，进而维护国家的经济安全。

(一) 建立独立监管机构,提高国际执业能力和国际认可度

对会计师事务所的监管有三种模式,自律监管、外部独立监管和政府监管。欧盟在和美国的审计监管协调中,为了更好地与 PCAOB 协调合作,于 2005 年专门成立了一个独立于政策监管层的机构 EGAOB (European Group of Auditors' Oversight Bodies) 负责法定审计事务所的监管,以获得 PCAOB 认同审计监管的效果,进而避免了 PCAOB 的审查 (Humphrey 等,2011)。中国也可以设置独立的审计监管机构来加强对事务所执业的监管,一方面有利于找到与美国监管合作的谈判对接机制,促进跨境审计监管的协作,缓解审计监管的冲突;另一方面有利于改善中国会计师事务所的执业质量,这样既能消除外国投资者和机构对中国会计师事务所审计质量的质疑,又能维护本国的监管主权,保护本国的经济信息安全。

(二) 完善本国监管法规体系,强化监管执法

现有的审计监管模式和监管制度并不能抑制不断爆发的财务造假事件,制度规范在投资者保护方面的缺陷也使得监管层面临巨大的压力。中国资本市场的审计质量不高,不仅对资本市场的完善和稳定发展产生了负面影响,而且也影响了事务所在国际资本市场上的执业质量,所以"中概股"公司的丑闻不是偶然的。这就导致了提升本国资本市场上的审计服务质量和审计监管质量的紧迫性。跨境审计监管协作有利于规范企业行为并提高企业的国际竞争力。通过跨境监管协作的方式能完善本国资本市场的监管体系,从而增强对风险的抵御力。

跨境监管冲突的解决有赖于两个方面:一是监管规则趋于一致;二是执法到位 (杨宏,2006)。我国资本市场的投资者保护状况较弱,对投资者的保护更依赖于政府对资本市场的监管,所以我国监管机构要着手建立高质量的资本市场监管体系。规则的一致性 (如采用 ISAs) 能够提高审计质量。美国是资本市场监管成熟的国家,在监管规则方面值得我们学习,也有利于我们寻找到跨境审计监管合作的对接点。中国虽然有证券民事赔偿的相关规定,但中国的法律执行力度较差,并没有对审计师执业产生足够的威慑作用,所以强化监管执法是获得其他市场经济主体的认可并解决跨境审计监管冲突的一个重要方面。从监管效率和效果的角度来看,也有必要整合自律监管和公共独立监管,所以我国监管体系的完善也要结合国情,可以适当考虑注册会计师行业的自律监管与公共独立监管结合。以跨境审计监管合作为契机,倒逼国内资本市场监管体系的完善,规范本国资本市场的功能,促进抗风险和波动性能力的建设,增强微观经济主体内生的稳定性,进而维护好经济安全。

(三) 加强与他国监管机构的协作,共同致力于提高全球资本市场的审计质量

相互依赖对方的监管会提高全球性会计公司的监管效果和效率,通过与其他监管机构的协作可以提高审计质量。中美之间的跨境审计监管协作虽然直接受益方是美方,

保护了美国资本市场投资者的合法权益,但是由于美国资本市场的监管相对较为规范,集体诉讼、辩方举证等制度也更为严格,客观上有助于规范中国的审计市场,也能对 A 股市场的规范起到辅助作用,实际上中方也是受益方。2007 年,PCAOB 发布了"完全信赖"的声明(信赖的程度取决于监管执法的严格程度和与职业界的分离程度),国外监管机构应用 Rule4012 执法时要独立于职业界。在跨境审计监管协作问题上要积极主动,欧盟在这方面走在了前面,美国更是先行者,主导了规则的制定。中国也要掌握跨境审计监管协作的主动权,并且可以仿照欧盟类似做法,专门对 PCAOB 要求检查的事务所进行独立核查。

主要参考文献

方流芳. 2000. 法大评论. 北京:中国政法大学出版社,257—263。

蒋辉宇. 2013. 跨国证券融资法律监管目标的合理选择. 法学,2:81—89。

李孟刚. 2010. 产业安全理论. 北京:高等教育出版社,33—35。

李景治,罗天虹等. 2003. 国际战略学. 北京:中国人民大学出版社,75—85。

乔炜. 2012. 会计监管的国际合作机制研究. 财政部财政科学研究所博士学位论文。

王逸舟. 2005. 探寻全球主义国际关系. 北京:北京大学出版社,1—3。

王丽娟等. 2008. 全球化与国际政治. 北京:中国社会科学出版社,105。

徐政旦等. 2011. 审计研究前沿. 上海:上海财经大学出版社,191—197。

杨宏. 2006. 中国公司境外上市法律监管研究. 西南政法大学博士学位论文。

Dagmar Eberle and Dorothee Lauter. 2011. Private Interests and the EU – US Dispute on Audit Regulation:the Role of the European Accounting Profession. *Review of International Political Economy*,(10):436 – 459.

Christopher Humphery, Asad Kausar, Anne Loft and Margaret Woods. 2011. Regulating Audit beyond the Crisis:A Critical Discussion of the EU Green Paper. *European Accounting Review*,(3):431 – 457.

Cross – border Audit Supervision, Economic Security and Audit Firm Internationalization Strategy

Lili Hao, Kenana Ma

Abstract: The conflict of cross – border audit supervision between China and US has been intensifying since increasing financial fraud problems of overseas – listed Chinese companies occurred. Based on this background, we discuss whether it is necessary to liberate the cooperation of cross – border audit supervision. Also, we investigate the consequences of cross – border audit supervision from the perspective of economic security and national interests. Furtherly, we explore and conclude which cooperative form is more suitable for protecting the national benefits. This paper provides a new perspective for the supervision and coordination problems arising from the conflicts of cross – border audit supervision. Also, it helps to provide a theoretical breakthrough for the problems needing to be sorted out and solved in cross – border audit supervision and provides evidence and basis for the decision – making of cross – border audit supervision. Finally, this research has important theoretical and practical significance to solve the problems of cross – border supervision, especially cross – border securities supervision.

Keywords: Cross – border audit supervision, Audit firms' internationalization strategy, Economic security

《会计论坛》撰稿须知

《会计论坛》是由中南财经政法大学会计研究所主办的会计类专业学术理论刊物，于2002年5月创刊，主要刊载会计、财务与审计领域里的最新理论研究成果，同时也兼顾实务性的有价值的研究成果，热忱欢迎国内外作者赐稿。为方便作者撰稿，特做如下约定：

1. 来稿要求。来稿须观点鲜明，主题突出。本刊适用的文章大致有以下三个方面的基本要求：第一是学术性，即要有新观点、新思路、新方法和新资料的学术性文章；第二是思想性，即要有一定理论水平和思辨性强的评论性文章；第三是前沿性与导向性，即要能够充分关注和反映会计学界最前沿的理论动态和信息，如介绍和宣传会计学界较有影响的科研学术信息和观点综述以及会计领域某一学科的发展研究报告等。

2. 来稿篇幅。来稿请用A4纸打印。学术论文一般控制在15 000字左右（含注释与参考资料）。

3. 来稿信息。应包括两个方面的内容：

（1）基本信息。含作者署名、工作单位、作者简况（姓名、出生年月、籍贯、学位、职称、现工作单位、主要职衔、主要研究方向和主要科研成果等重要信息）、通讯地址、电话、传真、电子信箱等，若系基金资助项目，请注明项目的名称、来源与编号，用单独一页纸打印，以便进行编辑。

（2）学术论文。应包括以下8个方面的内容：

①论文标题（不超过20个汉字，中、英文）。

②作者署名（中、英文）。

③论文摘要（300字以内，中、英文）。

④关键词（3-8个，中、英文）。

⑤正文。采用文科编排规范，其一级标题标号为一、二、……（题尾无标点符号，排单行），二级标题标号为（一）（二）……（题尾无标点符号，排单行），三级标题标号为1. 2. ……（题尾列句号，文字接排），四级标题标号为（1）（2）……（题尾列句号，文字接排）。文中图、表和公式均用阿拉伯数字连续编号，如图1、图2和表1、表2以及式1、式2等。图和表应有简短确切的题名，图号图名应置于图下，表名表号置于表上，公式号置于右侧。

⑥附注。采用脚注形式，每页重新编号，编号顺序请运用Word2000以上版本的自动生成方式。

⑦参考文献。请列于文末，具体要求如下：

A. 列示范围。仅限于作者直接阅读过的、引用在论文中的最主要的文献。

B. 引用方式。论文中引用参考文献的，应使用"著者—出版年制"，如"会计法律制度体系建立问题决非一个单粹孤立起来从会计职业或专业本身所考虑与设计的问题，"（郭道扬，2001）。对于在论文中所提及的参考文献，应当与所列的中外参考文献表一一对应。

C. 列示顺序。基本要求为中文在前，英文在后，中文文献按第一作者姓氏的拼音为序排列，英文及其他西文文献按第一作者姓氏的字母顺序排列，第一作者相同的文献按发表的先后时间顺序排列，同一作者同一年份内的文献多于1篇时，可在年份后加a，b等字母加以区别，如1999a，1999b等。

D.排列格式。基本要求如下：
　　　期刊：著者. 出版年. 题（篇）名. 刊名，卷（期）：页次.
　　　书籍：著者. 出版年. 书名. 版本. 出版地：出版者，页次.
　　　论文集：著者. 出版年. 题（篇）名. 见（in）：论文集编者. 文集名. 出版地：出版者，页次.
　　⑧鸣谢及其他信息。主要是表达对论文形成过程相关支持者的感谢及其他信息。基金课题项目项目来源、项目的全部准确名称及课题批准号。

　4.来稿采用。来稿经采用后，将酌付稿酬，并赠样刊两本。为适应我国信息化建设，扩大本刊与作者知识信息交流渠道，本刊已被CNKI中国期刊全文数据库、万方数据、维普数据和超星数据等全文数据库收录，其作者文章著作权使用费与本刊稿酬一次性给付。作者向本刊提交文章发表的行为即视为同意我刊上述声明。

　5.收稿地址。湖北省武汉市东湖高新技术开发区南湖大道182号，中南财经政法大学会计学院（南湖校区文泉楼A607室）《会计论坛》编辑部；邮政编码：430073；电话：（027）88386078。特别欢迎用电子信箱传递信息，电子信箱：rmdxj75@gmail.com。